武术一
源于中国
属于世界

戊子年八月 徐才

徐才(北京)
亚洲武联第一任主席
世界十大武术领袖

徐才题词

题词

武术是中华文化瑰宝，更是世界文化宝库中的一颗明珠。

习云泰
二〇〇九年3月30日
于成都

习云泰（四川）
国际武术散手道联盟荣誉顾问
世界十大武术教授

习云泰题词

周树生题词

题词

以中华武术为根本，尊重、学习和吸纳多种武道之精华，超越各派之界线，造就文武全才、艺艺双修的武术家是散手道的宗旨。

梁守渝

梁守渝（加拿大）
国际武术散手道联盟主席
世界十大武术领袖

梁守渝题词

王方莘与梁守渝主席

王方莘与杨维博士

万汉奎与梁守渝

万汉奎与儿子万义辉

万汉奎武术照

梁守渝、张山、杨维为吴朝成颁金杯奖

吴朝成武姿

陈洪广获奖照

陈洪广与杨维在主席台

陈洪广武术照

沈贵华表演硬气功

沈贵华与王方革合影

峨眉武术学校校长沈贵华　　　　　　　陈泓全校长照

陈泓全武姿

国际武道联盟推广

峨眉搏击术

王方莘　万汉奎　吴朝成　等著

人民体育出版社

编 委 会

主任

杨维 / 浙江
国际武道联盟执行主席
浙江丽水学院教育学院教授、博士

副主任

王方莘 / 四川
国际武道联盟副秘书长
峨眉武术学校技术总指导

技术指导

徐才 / 北京
亚州武联第一任主席
世界十大武术领袖

习云泰 / 四川
国际武道联盟名誉主席
成都体院武术系主任、教授

周树生 / 新加坡
国际武道联盟名誉主席
新加坡国家武术队总教练

梁守渝/加拿大
国际武道联盟主席
加拿大哥伦比亚大学武术系主任

编委

辛桂维/浙江：丽水学院教育学院
万汉奎/重庆：重庆市武术协会
吴朝成/四川：混元门创始掌门
陈洪广/四川：成都市国材集团常务副董事长
鄢行辉/福建：福建中医药大学
凌　昆/福建：福建中医药大学
杨俊军/湖南：湖南人文科技学院
周惠新/湖南：湖南人文科技学院
梁正军/湖南：湖南人文科技学院
张庆珍/安徽：阜阳师范学院
沈贵华/四川：峨眉武术学校校长
陈泓全/四川：成都文武学校校长
万义辉/重庆：奉节县武术协会秘书长
王　超/四川：峨眉武术发展中心主任
郭　凌/四川：杨氏太极第六代传人
朱松涛/四川：杨氏太极第六代传人
冷　平/四川：杨氏太极第六代传人
马国栋/四川：杨氏太极第六代传人

编写组

组长　王方莘
成员　万汉奎、吴朝成、陈洪广、沈贵华、陈泓全

作者介绍

1. 王方莘：乐山市武术协会原副主席、现为专家委员会副组长，"峨眉山武术协会"顾问，峨眉武术学校技术总指导，杨氏太极拳第五代传人，中国峨眉水柔拳创始人，中国武术协会会员，中国武术七段。世界著名武术家、武林百杰，世界武术终身成就奖。国际武道联盟黑带九段，国际二级教练员、二级裁判员。中国散手道协会荣誉主席，专家委员会委员。

2. 万汉奎：重庆市武术协会原副主席，重庆市奉节县武术协会主席，中国武术八段。师承黄林派第四代传人钟建华、中国十大名师赵子虬，精通多种峨眉武术。国际武道联盟荣誉顾问，黑带九段，国际二级裁判员、二级教练员。世界十大武术家、十大名医，荣获世界武术泰斗奖。中国散手道协会名誉主席，专家委员会副主席。培养训练学生上万名。

3. 吴朝成：四川省资阳武术协会主席，混元门掌门人，峨眉武术联合总会理事、运动发展委员会主任。师承伯父川中武术名家吴毓飞习少林武功，现精通少林武功和武术散打。世界著名武术家，武林百杰，中国散手道协会副主席，国际武道联盟理事、黑带八段、国际二级教练员、二级裁判员。现已收几十个徒弟，参加省、市比赛获多枚金牌。

4. 陈洪广：四川国才集团常务副董事长，中国武术七段。11 岁随舞狮大王廖德清老人习武，先后拜著名武术家肖家泽、吴信良、峨眉武术宗师通永和尚为师，又得王树田教授亲传，融峨眉武术、散手、搏击为一体，并将其发扬。中国散手道协

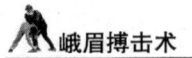

会副主席兼秘书长,世界著名武术家,武林百杰,国际武道联盟黑带八段。参加国际、国内比赛,多次获得金牌。

5. 沈贵华: "峨眉山武术协会"常务理事,峨眉武术学校校长兼总教练,兼某部队武术教练,峨眉武术非物质文化遗产传承人,峨眉七雄之一,国家一级裁判员,优秀教练员。师承峨眉山玉仙寺李烈君、报国寺通永大师,擅长多种峨眉功夫,本人参加香港等地的国际性比赛获金牌7枚、银牌2枚,获得"四川省武术名星奖杯"一个。办学20多年,培养国内外学生数以千计,参加国际国内比赛,取得金杯8个、金牌126枚、银牌64枚、铜牌59枚的好成绩。

6. 陈泓全: 成都文武学校校长,中国武术五段,武术散打三级裁判员,武术散打二级拳师,师承四川省武管中心任刚老师,会多种峨眉功夫,本人参加省散打比赛获金牌。曾任雅安市体总就业培训学校总教练,珠海市技文武校武术主教练,云南省昭通市神龙武术学校总教练。成都文武学校的学生参加国际、国内比赛获金牌28枚、银牌27枚、铜牌15枚。

序

峨眉山平畴突起，"高出五岳，秀甲九州"。是一座享誉中外的天下名山。她一山有四季，十里不同天，丰富的生物资源，独特的地质地貌，被人们称之为"仙山佛国""植物王国""动物乐园""地质博物馆"，素有"峨眉天下秀"之称，自古就有"山之领袖""震旦第一山""昆仑伯仲莫与争先"的美誉，是世界著名的佛教圣地——普贤菩萨的道场。1996年，峨眉山被联合国教科文组织列入世界自然与文化遗产名录，成为四川省唯一获得世界"双遗产"名录的旅游风景名胜区。

峨眉山有着悠久的人文历史，其得天独厚的自然环境引来了历代隐世的佛道高人及武林人士，留下了许多浓厚传奇的仙道、佛道文化。相传轩辕皇帝曾两次到峨眉山问道天真皇人，试图找到长生不老之药方；人称财神菩萨的赵公明，曾在峨眉山九老洞中修行，至今洞中石床上仍塑有他的神像；流传千古的《白蛇传》中的白素珍，在峨眉山白龙洞修炼，成道后去杭州西湖与许仙相爱，演绎出一段千古流芳的爱情佳话。据史料记载，东汉初，中国道教创始人张陵曾来峨眉山布道；周朝时，两个名气很大的仙人葛由与楚狂也来峨眉隐居；隋代药王孙思邈来峨眉山采药炼丹；唐时"纯阳师祖"吕洞宾来到峨眉山传教；宋代 "华山老祖"陈抟晚年来到峨眉山隐居，自号峨眉真人，离世时118岁……

在历代高人云集、神仙隐居的峨眉山，"神秘虚幻、高深莫测" 的峨眉武术也发祥于此，至今已有近3000年的历史，先后涌现出了战国时期的司徒玄空、北朝东魏时期的淡然法师、南宋时期的德源长老和白云禅师、清代的湛然法师等历代武林宗师。千百年来，秘不外传的峨眉武术集聚了佛道两家的武术与文化精华，以 "内外兼修、刚柔并济" 而自成体系，成为中国三大武术流派之一，赢得了世人瞩目而名震海内外，2008年成功列入了国家级非物质文化遗产名录。

在峨眉武术中要突出拳术的 "刚与柔、快与慢、动与静、虚与实、高与低、轻与重" 等矛盾的相互对立与统一，这是拳艺风格的重要标志。"刚与柔" 这对矛盾在峨眉拳技艺中尤为重要，练拳必须刚健有力，柔中寓刚，刚而不僵，柔而不软。刚指肌肉收放速度的外露，拳风的外象，具有阳刚之健美；柔指全身各主要关节活动面最大幅度地伸转或多轴运动。刚与柔的相互变化与合理的使用，是练好峨眉拳的一大劲力法则。为了更好地突出峨眉武术这一特点，王方莘从1997年开始，花10多年时间，收集武术资料，从各种武术杂志中归类汇集武术文章，使之成为一篇篇完整的武术文章，并分类整理装订成书。10多年共收集整理装订成81本书，2000多万字。其中散手类20本700多万字；太极、武当、峨眉类16本560万字。王方莘花了5年的时间，认真钻研这部分资料，着重分析武术对练（实战）中的刚与柔，还和沈贵华、吴朝成、万汉奎、陈洪广、陈泓全一道研究峨眉的刚与柔，并在 "峨眉武术学校" 试练，从而编排出《峨眉搏击术》一书，经国际武道联盟技术委员会审定，列入 "国际武道联盟推广教材"，面向世界推广。

《峨眉搏击术》从八大方面训练柔与刚，即平圆刚柔术、立圆刚柔术、折叠刚柔术、多变刚柔术、肘膝刚柔术、腿法刚柔术、摔法刚柔术、拿法刚柔术 8 个方面训练"柔与刚"。《峨眉搏击术》从刚与柔入手,把武术实战中的踢、打、摔、拿训练得淋漓尽致。《大椿堂拳谱秘要》云"练拳不练功,到老一场空",本着"强化根基,以功为本"的原则,本文还从 10 方面介绍峨眉武术的功理功法,归纳为 4 大类,即筋骨功、养生功、硬功、轻功。读者可根据自身的素质状况,有选择地练习。

总之,《峨眉搏击术》是训练峨眉武术"刚与柔"对练(实战)的一本好教材,适合武术馆校、大中专院校、武警部队及相关单位培训学员使用,可提高学员的实战水平和整体素质,同时也是教练员必备的参考资料。《峨眉搏击术》中"刚与柔"的八大方面,可以选择练习,也可系统练习,对练套路简单实用,也适合武术爱好者对练表演。

浙江丽水学院教育学院
杨维　教授
2013 年 9 月于丽水

前　言

　　峨眉武术发祥地是四川峨眉山，峨眉武术也是整个四川乃至整个西南地区武术的总称。峨眉山是中国佛教的四大名山之一。峨眉武术有非常深厚的人文底蕴，它包容了释、儒、道多种文化的内涵，峨眉武术的起源和发展与峨眉山佛教、道教的历史是密不可分的。据《峨眉山志》记载，峨眉山建佛寺始于魏晋，其中以魏晋僧肇所建的黑水寺为最早。到了唐宋时期，道教发展昌盛，与佛教旗鼓相当，道教称峨眉山为"第七洞天"。僧人和道人在参禅静坐、念经拜佛之余，也经常习练拳脚、弄枪使棒，一则为强身健体，二则也为保寺护院。在练拳使棒中相互切磋，取长补短，各创新路，因此逐渐形成独具特色的峨眉武术。峨眉武术兼有佛家和道家之长，既吸收了道家的动功，又吸收了佛教禅修的静功，故而创造出一套动静结合的练功方法，这种方法与各种拳术、器械、散打及气功结合在一起，之后又随着一些身怀绝技的武术异人到峨眉山修行、云游，将各自的武功与峨眉武术的特点融为一体，取长补短、融合创新，构成了庞大的峨眉派武术体系。

　　峨眉武术，千百年来以其独特的风格立身于中华武术之林，广为流传，历久不衰。与少林以攻架见长，多用长手，以刚为主和武当以呼吸见长，以静制动，以柔为主，多用短手相比，峨眉派的特点介于两者之间，力求内外并重，刚柔兼备，长短并用，要求动功与静功并重，强调手脚灵快，以柔克刚，借力使力，以窍打人。峨眉武术应当说是，内外并重、刚柔相济、快巧结合的拳术。演练峨眉拳要突出拳术中"刚与柔、快与慢、动与静、虚与实、高与低、轻与重"等矛盾的相互对立与统一，这是拳艺风格的重要标志。为了更好地突出峨眉武术的特点，特别是在对练（实战）中，体现峨眉武术刚与柔，我们花了5年的时间，还在"峨眉武术学校"试练，编排出"峨眉搏击术"教程。

"峨眉搏击术"从8个部分训练柔与刚，让习练者从8个方面体验峨眉武术的刚与柔，下面介绍《峨眉搏击术》内容提要。

第一部分，平圆刚柔术。柔性对练套路，训练定步、活步（含前进步）平圆推手；刚性对练套路，训练上、下直冲拳的攻与防；柔性实战，训练掤发劲、推发劲；刚性实战，训练上直冲拳击头，下直冲拳击心窝（或击肋）。

第二部分，立圆刚柔术。柔性对练套路，训练定步、活步（含前进步、绕步）立圆推手；刚性对练套路，训练定步、活步上侧勾拳的攻与防；柔性实战，训练掌的上、下冲推发劲；刚性实战，训练上勾拳击下颌（或击面部）、侧勾拳击肋部。

第三部分，折叠刚柔术。柔性对练套路，训练定步、活步（含前进步开8字、绕头闭8字）折叠推手；刚性对练套路，训练上、下摆拳的攻与防；柔性实战，训练捌发劲放摔；刚性实战，训练防守反击的摆拳及主动进攻的摆拳。

第四部分，多变刚柔术。柔性套路，训练定步、活步（含直线式、之字式）四正推手；刚性套路，训练组合拳（含直、勾、摆拳）的攻与防；柔性实战，训练四正手掤、挤、按的应用；刚性实战，训练一、二伴击后的攻击以及对付左直拳、右直拳的反击。

第五部分，肘、膝刚柔术。柔性套路，训练定步、活步肘推手以及顶、摆膝对练；刚性套路，训练正顶、侧摆、上抬肘的攻防，以及顶膝、摆膝对练；柔性实战，训练立肘、横肘发劲；膝接触时顶、摆膝发劲；刚性实战训练正顶、侧顶肘的攻击以及顶膝、摆膝的攻击。

第六部分，腿法刚柔术。柔性套路（单人单式练习），训练直线腿法、曲线腿法；刚性套路（双人对练），训练直线腿法、曲线腿法攻防对练；实战，训练进攻型、防守型踹腿、鞭腿的攻击，防腿反击法，绝杀穿心腿及其他腿法的运用。

第七部分，摔法刚柔术。柔性练习，训练单人单式的摔法与滚翻；刚性练习，8种摔法（含切肩冲摔、插步别摔等）对练；柔性实战、训练捋、挤、按、旋、肘、靠摔；刚性实战，训练10种（含倒拨、拦腰、勾踢、挟头等）摔法与5种接腿（别摔、背摔等）摔法。

第八部分，拿法刚柔术。柔性练习，训练7种手型以及3种技法练习；刚性部分，多种锁拿腕、肘、肩、头颈、腰、膝、脚的对练；实战，擒拿十八（含撞、靠、拌、缠、拧、切等）法，近身施拿6种（含错踝、里扭、拧腕等）技法，破拿6种（撞拿、击面、插目等）技法的实战训练。

峨眉武术技艺，突出在拳术中"刚与柔、快与慢、动与静、虚与实、高与低、轻与重" 6大相互对立统一的矛盾，学习峨眉武术要在功理功法上下功夫，处理好这6种关系。峨眉武术功法是峨眉派各家秘门练功法，它有深妙而复杂的内在规律及练功原理，概括为10个方面，本文对此作了详细的介绍。读者应很好地学习和领悟。"练拳不练功到老一场空"，峨眉武术的功法归为4大类，即筋骨功、养生功（含峨眉水柔功）、硬功、轻功，本文作了较详细的介绍。读者可根据自己的情况，有选择地练功。此外，本文还介绍峨眉武术的实战技法等知识。

目 录

第一章 峨眉武术概述 （1）

第一节 峨眉武术简介 （1）
第二节 峨眉武术的风格与流传 （2）
第三节 峨眉武术功法 （5）
　一、峨眉武术功法归类 （5）
　　1. 筋骨功 （5）
　　2. 内养功（峨眉水柔功法） （7）
　　3. 硬功 （8）
　　4. 轻功 （9）
　二、峨眉武术的功法原理 （10）
　　1. 调节阴阳 （10）
　　2. 功艺结合 （10）
　　3. 因人而异 （10）
　　4. 内外兼修 （11）
　　5. 练为实用 （11）
　　6. 扬长避短 （11）
　　7. 循序渐进 （11）
　　8. 恒勤为主 （12）
　　9. 张弛相兼 （12）
　　10. 神形兼备 （12）

第二章　峨眉武术基本技术 …………… (14)

第三章　峨眉搏击术套路与实战 ………… (16)

　第一节　平圆刚柔术 ………………… (16)
　　一、套路 …………………………… (16)
　　　1. 柔性练习 ……………………… (16)
　　　2. 刚性练习 ……………………… (22)
　　二、实战 …………………………… (37)
　　　1. 柔性实战 ……………………… (37)
　　　2. 刚性实战 ……………………… (45)

　第二节　立圆刚柔术 ………………… (57)
　　一、套路 …………………………… (57)
　　　1. 柔性练习 ……………………… (57)
　　　2. 刚性练习 ……………………… (68)
　　二、实战 …………………………… (78)
　　　1. 柔性实战 ……………………… (78)
　　　2. 刚性实战 ……………………… (84)

　第三节　折叠刚柔术 ………………… (91)
　　一、套路 …………………………… (91)
　　　1. 柔性练习 ……………………… (91)
　　　2. 刚性练习 ……………………… (96)
　　二、实战 …………………………… (107)
　　　1. 柔性实战 ……………………… (107)
　　　2. 刚性实战 ……………………… (112)

　第四节　多变刚柔术 ………………… (120)
　　一、套路 …………………………… (120)

1. 柔性练习 …………………………… (120)
　　　2. 刚性练习 …………………………… (127)
　　二、实战 ………………………………………… (143)
　　　1. 柔性实战 …………………………… (143)
　　　2. 刚性实战 …………………………… (149)
第五节　肘、膝刚柔术 ……………………………… (158)
　　一、套路 ………………………………………… (158)
　　　1. 柔性练习 …………………………… (158)
　　　2. 刚性练习 …………………………… (169)
　　二、实战 ………………………………………… (178)
　　　1. 柔性实战 …………………………… (178)
　　　2. 刚性实战 …………………………… (186)
第六节　腿法刚柔术 ………………………………… (196)
　　一、套路 ………………………………………… (196)
　　　1. 柔性练习 …………………………… (196)
　　　2. 刚性练习 …………………………… (205)
　　二、实战 ………………………………………… (223)
　　　1. 进攻型踹腿 ………………………… (223)
　　　2. 防守型踹腿 ………………………… (225)
　　　3. 进攻型鞭腿 ………………………… (227)
　　　4. 防守型鞭腿 ………………………… (229)
　　　5. 防腿反击法 ………………………… (231)
　　　6. 绝杀穿心腿 ………………………… (233)
第七节　摔法刚柔术 ………………………………… (237)
　　一、套路 ………………………………………… (237)
　　　1. 柔性练习 …………………………… (237)
　　　2. 刚性练习 …………………………… (247)

二、实战 …………………………… (255)
　　　1. 柔性实战 …………………… (255)
　　　2. 刚性实战 …………………… (265)
第八节　拿法刚柔术 ………………………… (281)
　　一、套路 …………………………… (281)
　　　1. 柔性练习 …………………… (281)
　　　2. 刚性练习 …………………… (288)
　　二、刚性实战 ……………………… (308)
　　　1. 擒拿十八法 ………………… (308)
　　　2. 进身施拿六法 ……………… (318)
　　　3. 破拿技六法 ………………… (327)

后　记 ………………………………………… (331)

参考文献 ……………………………………… (336)

第一章　峨眉武术概述

第一节　峨眉武术简介

峨眉武术发祥地是四川峨眉山，峨眉武术也是整个四川乃至整个西南地区武术的总称。峨眉山是中国佛教的四大名山之一。峨眉武术有着深厚的人文底蕴，它包容了释、儒、道多种文化的内涵，峨眉武术的起源和发展与峨眉山佛教、道教的历史是密不可分的。据《峨眉山志》记载："峨眉山建佛寺始于魏晋，其中以魏晋僧肇所建的黑水寺为最早。"到了唐宋时期，道教发展昌盛，与佛教旗鼓相当，道教称峨眉山为"第七洞天"。

僧人和道人在念经拜佛之余，也经常习练拳脚、弄枪使棒，一则为强身健体，二则也为保寺护院。在练拳使棒中相互切磋，取长补短，各创新路，因此逐渐形成独具特色的峨眉武术。峨眉武术兼有佛家和道家之长，既吸收了道家的动功，又吸收了佛教禅修的静功，故而创造出一套动静结合的练功方法，这种方法与各种拳术、器械、散打及气功结合在一起，之后又随着一些身怀绝技的武术异人到峨眉山修行、云游，将各自的武功与峨眉武术的特点溶为一体，取长补短、融合创新，构成了庞大的峨眉派武术体系。

峨眉武术源于殷商，成于南宋，盛于明清，发于现代。有关文献记载，春秋战国时期有一名叫司徒玄空的武师为峨眉武术第一人，因常着白衣而被尊为"白猿祖师"，他创编的"峨眉通臂拳"，学徒甚多，在《吴越春秋·勾践阴谋列传第九》《四川武术大全》《乐山志》《峨眉山志》等史料中都有记载。北朝孝静年间，被封为"镇南将军"的林时茂晚年在峨眉山中峰寺出家，法名太空，号淡然，其武功精湛，留下了"斩虎救妇"的美谈。南宋建炎元年，峨眉山金顶临济宗白云禅师创编了《峨眉临济气功》，主要包括峨眉十二庄等内容，它集医、释、道、武诸家之精华于一炉，影响非常深远。南宋时期，峨眉山还有德源长老，人称"白眉道人"故称其拳术为"白眉拳"。明代抗倭名将唐顺之在《荆川先生文集》卷二中载有一首"峨眉道人拳歌"，记载了峨眉拳从起式到收式全过程中的劲力、身法、击法、呼吸、节奏等各个侧面，是现今比较全面颂扬峨眉武术的专题诗。以后的发展中形成了拳种浩繁、流派甚多、高手辈出的峨眉武术，作为中国武林的重要一支，峨眉武术由历代武师口传心授，讲究师徒相承。

第二节 峨眉武术的风格与流传

峨眉武术既重视内气的修炼又讲究形体的结合，峨眉技艺要突出在拳术中"刚与柔、快与慢、动与静、虚与实、高与低、轻与重"等矛盾的相互对立与统一，这是拳艺风格的重要标志。

"刚与柔"这对矛盾在峨眉拳技艺中尤为重要，练拳必须刚健有力，柔中寓刚，刚而不僵，柔而不软。刚指肌肉收放速度的外露，拳风的外象，具有阳刚之健美；柔指全身各主要关节活动面能最大幅度地伸转或多轴运动。刚与柔的相互变化及合理使用,是打好峨眉拳的一大劲力法则。

"快与慢"是峨眉拳艺中运动节奏的具体表现,快与慢要相互依托,互为其根,有慢才有快,有快才有慢。多数峨眉拳讲究"慢拉架子快打拳"。慢时如木偶的轻柔细缓,一旦快起来则如星女掷灵梭"撤通身皆是手"。这种以快打慢、以快制快,慢中待发、快慢相兼的技击原则,正是峨眉拳运动风格之表现。

"动与静"的矛盾关系是"以静为动为奇"。"默然而处,亦动也"。故有"动极而求静,静极而生动,动中求静,静中有动"之说,这是峨眉拳技艺发展的内在原理之一。动是人体科学地运动,这是峨眉拳艺的基本动态,表现在踢、打、劈、摔、拿、刺、抢、砸多种技法以及身躯的拧转及折叠、吞吐浮沉、俯仰屈伸;步法的腾挪闪展、进退变换;表现于内,动则使气血流畅、精神聚敛、神思敏捷、判断准确、反应及时。拳中的静是法之成势,即运动的准备与结束之姿态。是蓄劲待发、伺机攻击或防护的特殊形态。这类静定形态,带有强烈的攻防搏击意识,形成了丰富多姿、优美自然的技艺造型。

"虚与实"是峨眉拳法善用的一大原则。四川人体质轻灵,本力不如北方人雄厚,在散打时,常采用"避实击虚",以巧制胜。攻击时要开之以虚,诱敌深入,伺机反攻。防守时要合之以实,使敌无暇可击。峨眉拳讲究虚中有实,实中有虚,虚虚实实,令人莫测。拳谱云:"实打实,讲蛮劲,虚打虚,空稀稀,实打虚,伤骨筋,虚打实,省气力。"因此,练拳较技,必明虚实,拳艺方能更精进。

"高与低"在拳艺中指动作结构上的变化要有高有低之分。峨眉拳路中就有高桩与矮桩之分;有满手与短手之别;身上有挺展放大与缩小之异。拳谱云："高打矮，长手宰，矮打高，往下掏，不高不矮拳脚招。"又云："来得高，用手挑，来得矮，用手宰，不高不矮用手排。"峨眉拳演练风格上多有高低起伏、扭旋折叠、俯仰伸屈等变化。因此有"龙行虎步、鸡身猴形、五掌七掌、鹏尽凤腾"之说。

"轻与重"之矛盾表现在峨眉拳艺，是以形喻势的又一体现。"强打蜻蜓点水"样的轻灵巧打，"弱打似猛虎扑食"样沉重勇猛。击拳以气摧力，快而有力，发腿似野马飞蹄，掌指点穴似离弦之箭，疾步是燕子穿云，势沉如高山巨鼎，窜蹦似猿猴攀技，静沉是龙盘虎踞。故峨眉拳一招一势重如铁，一法一式轻如叶。轻为突出重，重为轻之根，轻重缓急，使演练拳艺更趋技艺的悠扬旋律。

峨眉武术似快而慢，快慢相间，似柔而刚，刚柔相济，即内外兼修。据《逝去的武林》记载，峨眉山永庆寺武僧月朗，武艺超群，尤精硬气功，人称"铁头和尚"。清嘉庆年间，峨眉山龙神堂极善大师又结合自身经验，创出新路，苦心琢磨，练成"乌龙拳"。清末峨眉山仙峰寺太空法师及徒神灯长老、九老洞清虚道人合作创编了一种有别于各派的拳术，因太空法师禅修在子午二时，故称"子午门"。此外"侠家拳"是侠客李胡子从峨眉山学去的；"白眉拳"是峨眉山白眉道人所创，此二拳现流传四川、广东、香港、澳门等地。"法门气功十八段""虎爪拳""蛇拳""鸭拳""浪子燕青拳""跛子拳"等均为峨眉僧、道创编，目前四川境内都有传人。

目前，峨眉武术共有68个门派，徒手、器械、对练、套路、练功方法和技击项目2638个，峨眉武术也因其起源早、拳术种类多、文化内涵丰富，充分体现了古老、精深、丰厚的巴蜀文化而成为中华武术三大流派之一。分布区域：产生起源于四川峨眉山，长期流传于四川、重庆及香港、澳门和南洋一带。

第三节　峨眉武术功法

峨眉武术，千百年来以其独特的风格立身于中华武术之林，广为流传，历久不衰。与少林以攻架见长，多用长手和武当以呼吸见长，以静制动，多用短手相比，峨眉派的特点介于两者之间，力求内外并重，刚柔兼备，长短并用，要求动功与静功并重，强调手脚灵快，以柔克刚，借力使力，以窃打人。应当说是，内外并重、刚柔相济、快巧结合的拳术。演练峨眉拳要突出拳术中"刚与柔、快与慢、动与静、虚与实、高与低、轻与重"等矛盾的相互对立与统一，这是拳艺风格的重要标志。

一、峨眉武术功法归类

峨眉武术源远流长，内容浩瀚，同时，在峨眉武术的发展过程中，也逐渐产生和形成为技击服务的峨眉武术功法。根据各种传统练功方法、特点和作用的不同，可归类为4大部分，这4类功法有：

1. 筋骨功

筋骨功是峨眉武术的外练功法，是侧重锻炼人体筋、骨、皮、肉的功夫。具体地讲，就是运用峨眉武术的筋骨练功法，对人体各主要关节、主要肌肉和基本的体态进行系统地、长期地、科学地训练，从而培养武术需要的气质、身体素质和专项技能。

峨眉武术筋骨功，是培养习武者基本功夫的重要功法，它包括峨眉派武术基础训练中的各种桩功、行功、软功、窜蹦功、踢打功、跌扑功、抓水功、虎步功、鹰爪功等。

（1）桩功

桩功是采用峨眉武术中最基本的桩步或站蹲姿势，做一定时间或一定范围内的负荷训练。这种桩法，外练腿部的支撑力，内练气血的流畅，呼吸的深长，形有技击之勇，神有伺机待发之威，桩功包括有梅花桩等。为峨眉武术之传统功法中的主要方法之一。

桩功包括梅花桩、浑元桩、独木桩、骑马桩、弓箭桩、含机桩、铺腿桩、朝天桩、犀牛望月、猿猴登枝、金鸡独立、白马悬蹄、鸭儿浮水、倒挂金钩、燕子含泥、蜻蜓点水等许多桩法。

峨眉功法以动为主，以静为辅，动静结合，全面训练，因此，所练桩功由静到动，再由动到静。这种静后入动，动后而静的练功法，不仅不会影响形体美，而且训练效果甚佳。

（2）软功

软功又名童子功。是筋骨训练中的柔韧性功法。包括人体颈部、肩部、腕部、胸腰、胯部、腿部、踝部等全身各主要关节的牵张、环绕、展放、缩收。峨眉功法很强调"百折连腰尽无骨"的软训练。软功的常用法有揉、绕、劈、搬、靠、撕、吊、弹、抱、压等。

窜蹦功法是前窜、后跃、左闪、右躲、上蹦、下伏的各种功法训练。主要结合各种峨眉拳技中的窜跳动作训练。常用功法有：跃、跨、纵跳、伏俯以及车轮跳、二起脚、旋风脚、旋子、旱地拔葱、兔跳、虎跳、跳方桌等。

(3) 跌扑功

跌扑功是峨眉武术功法中的一种特别功法,是在跌扑中袭击对方,保护自己的功夫。要求瞬息突变,安全准确。常用的跌扑功法有前扑、倒扑、抢背、倒跟头、侧蹬摔胯、前蹬甩壳、腾空向前背摔、翻身扑虎、栽碑九滚十八跌法。

(4) 踢打功

踢打功包括"五峰"(即头峰、肩峰、肘峰、臀峰、膝峰),"六肘"(即楞克肘、盘夹肘、砸肘、撞肘、压肘、架肘)和各种拳、掌、勾手及腿法技击的运用训练方法。在峨眉踢打功法中,主要是利用草人桩、三角桩、布人、沙袋、吊球以及树木、墙壁等辅助器材做模拟实战训练。如练拳可打千层纸、打吊球、打沙袋、打木桩、打墙壁等。着重练力、练快、练准、练狠。原则上禁止把对手当活靶练习。峨眉派武术很讲究"强打蜻蜓点水,弱打猛虎扑食",故要求打人不见形,见形打不赢。峨眉筋骨法中的其他功法,各练所长,各具特点和作用,但大都结合拳艺练功,功艺结合,练功目的性非常明确。

2. 内养功(峨眉水柔功法)

峨眉武术通过内养法练功,能使本体的脏俯疏通,脉络得以畅通,气血得以运行,从而保持精力充沛,气血和顺。因此,峨眉内养功法,实际上是益寿延年的内练和内养相结合的内壮功夫。

峨眉武术特点之一是内外兼修。而内养功法较之筋骨功法更受重视。最常用的内养功法有:峨眉十二庄、龙形功、清浊气大鹏功、天地三意功、指穴七星功、八仙星、太子功、十八罗汉功、铁锤功、缩地功、悬吊功、涅槃功、独臂功、十八盘功等。以峨眉十二庄为例：相传南宋时，峨眉山白云禅师运用道家和医家对人体阴阳虚实、脏腑盛衰的机理，结合释门中一些气功的动、静功法创造出峨眉十二庄。计有天字庄、地字庄、之字庄、心字庄、游龙庄、鹤翔庄、风字庄、拿云庄、大字庄、小字庄、幽字庄、明字庄（近代有人改明字庄为海字庄）共12种功法。这12种庄法中，有些练形强身，有的练吐故纳新、运行气血以治病，有的练擒拿点穴之法用以技击防身。峨眉十二庄要求"松沉虚实内外柔"，以意导气、运气聚力，故能使练习者阴阳调和、内外兼补，从而达到内壮内养的目的。

"峨眉水柔功法"是作者王方莘根据拳的水性特点，在美国洛杉矶所创的功法，含捧水功、漩水功、涌水功、分水功、托水功、游水功、沉水功、双龙出水功、双龙摆尾功、抖水功等功法，这种功法首次问世，它不仅是峨眉武术刚柔相济的基础功法，还具有很好的健身效果。

3. 硬功

峨眉武术，技击性很强，常以"抢手"即散手竞技。因此，凡习峨眉武术者均须知道或掌握学打先学挨，学挨先练硬功的知识和方法。通过对硬功系统科学地训练，使本体获得一种承受一定外力击打而不损伤或是能聚本力于某一部位，用于摧毁某些坚硬物质（若用于技击，则能分筋碎骨，损伤对手肌体）。这是峨眉武术功法中一种特异的技击硬功功夫。

峨眉派武术中的硬功很多。主要有百日功（如金钟罩、铁布衫、铁砂掌、红砂掌等）、排打功（沙袋排打法、铁沙袋排打法、木棒排打法、铁板排打法、踢打法等）、铁板桥（包括卧刀碎石、卧钉床腹部或背部开石、仰卧悬体等)、二指禅(包括一指、抓地功等)、坠子功、铁弹功、三角功、竹筷功、铁汉碑、头顶开砖、耳门碎石、头额碎瓶、头断铁棒、脖缠钢筋、铁腿功 (包括脚断铁棒、脚断石碑、脚踢碎砖)、铁掌功 (包括掌心开砖、掌缘断砖、掌指碎石、掌指穿木板等)。

以铁板桥为例：练功时，用两条木凳间隔横放，练功者，头枕甲凳，两脚放于乙凳上，使身体挺直悬空与地面成水平。初练时，使身体悬空一定时间。待腰腹肌力量增强后，方在胸腹部上负荷几百斤、上千斤的重量。据说，长期从事铁板桥练功，不但对腰腹力量有特别的训练，在练功时，大脑还能得到休息。对于硬功法中有一些有损健康的方法，应加以剔除。

4. 轻功

轻功是客观存在的一种轻、快、活、稳的综合技巧。报纸上常刊登的轻功有某些夸张说法。轻功不是玄功，是功法。峨眉派轻功是一种特殊的综合技能训练。通过各种轻功法训练，可以培养动作轻灵、敏捷，步法轻如浮萍，身轻似燕，攀登神速，如走梅花桩可练平衡，稳健，准确；走铁锅缘 (或走簸箕缘) 可练灵活、轻快、协调等素质；跑砖、走壁侧重练速度，灵巧；爬壁、攀墙则练腿力、臂力、握力。至于站火柴盒、走刀刃、赤足踩碎玻璃、赤膊卧碎玻璃等方式方法则是小玩意，没有什么锻炼价值。峨眉轻功法较多，除前面提到的轻功外，尚有走绳、爬竿、抛草于河水中踩河草过河法、走水中浮木、飞檐走壁等。

上述峨眉武术中的四类功法，均按练功原理、原则和方法，科学而系统地进行艰苦训练后，方能练出真正的功夫来，方有益于武术技术的提高和发展。

二、峨眉武术的功法原理

峨眉武术功法是峨眉派各家秘门练功法，它有深妙而复杂的内在规律概括如下。

1. 调节阴阳

峨眉功法认为人体外为阳，内为阴，阳盛而阴衰，其病在内，阳衰阴盛，其病在外，由于峨眉功法强调外练手、眼、身，内练意、气、心，使内外统一。若出现阳盛阴衰，就要采用补阴法进行调剂；若产生阴盛阳衰现象则应运用壮阳法进行调节。通过这种抑强扶弱的调节阴阳法，使本体阴阳平衡，体健气足，为进一步掌握和提高技艺创造了物质条件。

2. 功艺结合

拳家们都懂得练拳不练功，到老一场空，练功不练拳，功夫也枉然的拳理。运动实践证明，练功必须与练艺相结合，功寓艺中，艺从功出。峨眉拳师都说："无功莫练拳，边练功，边习拳，功深艺精活百年。"可见功艺结合是拳师们练功的秘诀之一。

3. 因人而异

峨眉功法严格遵照因人而异的练功原理，总结出"儿童先练筋，少年再练艺，青年应练击，成年要练力，老年须练气"的练功系统。真正做到了因人而异，量体裁衣。不像现在许多人练功内容千篇一律。练功不能搞公式化的练法，一定要个别对待，针对性要强。

4. 内外兼修

峨眉武术功法讲究禅修内壮之妙，吞吐外练之功。只有内外兼修，才能做到神聚而形立，气足而力强，气血舒畅，筋骨松活，体格方能壮实。

5. 练为实用

峨眉功法繁多，各有效用。然而，练功者，不能百功一体，万法归综。因此练任何功法，必须以实用为目的。所谓实用，其含意应指健身、祛病、益寿、御敌，提高技艺以及丰富文化生活等方面。换句话讲，练功要有目的，盲目瞎练，事倍功半。只有练为用，才能练出真功夫、硬功夫。

6. 扬长避短

练功要扬我长处，避己短处，或者化短为长，练出绝招，方能在武坛有所建树。闻名国内外的猴拳王肖应鹏，能克服腿残的短处，发挥自己特点，择猴拳、簇棍技艺，苦练猴形、神态、击法，大胆创新脚尖步、爬行、倒立以及滚、翻、蹲、跃等动作，从而把猴攀、猴棍提高到了一个新水平。成为扬长避短和化短为长的练功典型。

7. 循序渐进

练功法似流水，涓涓细流，必将汇成滚滚长江。科学地练功须从简入繁，由易到难，由浅入深，时间由少到多，强度由小到大，运动由轻到重，由徒手到负荷的练功。并且一定要从自身条件出发，量力而行，力求功长艺进，艺进体壮。切不可操之过急。拳家说"无功莫操打(练武术)，有气无力莫练拳，

学打先学挨,学挨先练功"。这些都是练功必须遵守的循序渐进原理。

8. 恒勤为主

练功是一个长期磨炼过程,没有坚忍不拔的毅力、顽强拼搏之精神以及持之以恒的态度是练不出真实功夫的。有恒者,事竟成,这是一方面。另一方面,功夫是练出来的。练,就是运动实践,实践出真知,要练就必须坚持业精于勤,勤有功,勤奋出天才,凡武术大成者,无不经过勤学苦练和名师的指点,只有恒加勤奋,才能功到自然成。三心二意或懒惰之人,决不会达到理想的彼岸,绝不会成为功深艺纯的武术名家。提倡恒勤为主的同时,还应培养良好的武风、高尚的武德。提倡苦练,防止蛮干。峨眉功法在练功时要求巧练,做到开门审势,弓马动静,吞吐沉浮,眼亮神聚,法出阴阳,暗含技击,劲发刚柔,招势严密,日日练功,功精于勤。

9. 张弛相兼

练功是一个消耗精力的过程,必须有张有弛、劳逸结合。峨眉功法讲究练功质量,不一味追求超负荷的数量,力求保持旺盛的精力,防止过度疲劳。一张一弛、张弛相兼地练功,最能提高锻炼价值,最能有效地消除疲劳。传统练功中,有时也会出现疲劳现象,为了消除疲劳,有的人也习惯内服舒筋活血、补气壮阳等方面的药,外作身体按摩,以尽快消除疲劳。在练功前后,也应注意饮食起居等常理,要为练功创造条件。

10. 神形兼备

峨眉功法含技击之理,外呈击法之形,神含勇猛机智之巧。功纯者,动作变化迅急,达到神形兼备。但在当前武术练功中,许多人重形而忘神,致使形似而神失,缺乏勇武之精神,故其技艺虽经十载仍属平庸。峨眉功夫把神藏于形中,形中透神作为练功的重要内容和测定功夫的标尺。

第二章 峨眉武术基本技术

峨眉武术是中华武术之"瑰宝",是我国民族体育珍贵的文化遗产。峨眉武术以实战为基础;以踢、打、摔、拿、击、刺、扣手、点穴、擒拿、摔跌及兵杖格杀等为素材,以攻守进退,动静疾徐,刚柔虚实等格律、两人斗智较力、形成搏斗,以此来增强体质,培养意志,训练格斗技能的体育运动。

柔寸发劲,以闪化、巧变制敌。手疾腿快,借力打力,以四两拨千斤。善使手法、掌法和肘法。暗含拳腿法。重单手,讲化劲,以刚柔快硬化力制敌为主。古老中华武术,以少林派、武当派、峨眉派三大流派鼎立于世。少林派以大开大合、舒展大方、刚劲勇猛、以快制胜的外家功夫闻名于世。武当派以其柔内寓刚、绵里藏针、后发先制的内家功夫,令人叹为观止。千百年来,秘不轻传的峨眉武功,博采并蓄少林、武当及众多武术门派之长而自成体系,更以那似快而慢、快慢相间、似刚而柔、刚柔相济、似后而先、后人发而先人至的内外兼修神功,赢得了世人的瞩目,给人以神秘虚幻、高深莫测之感。

峨眉武术善用五峰(头峰、肩峰、肘峰、臂峰、膝峰)、六肘(翻肘、砸肘、叠压肘、顶肘、楞肘、撞肘),远踢近打靠身摔。脚似醉汉,手如闪电,头似波涛身如柳。同时眼要明、身要灵、手要快、腿要狠、体灵活。其全身功用为:一要心静、二要身灵、三要气敛、四要劲整、五要神聚。灵机于顶、活泼于腰、神通于背、流行于气、行之于腿、蹬之于足、运之于掌、通之于指、敛之于髓、达之于神、凝之于身、息之于鼻、呼之于口、纵之于气、浑灵于身、全身发之于毛。

　　脚走边门、身为扁挂。眼观六路、耳听八方。行拳要诀为"上行脊领、下行自落；左右腰动、卸力肩窝；百会悬顶、海底沉挪；内气鼓荡、腰胯自活"。充分体现"吞、吐、浮、沉；封、闭、擒、拿；腾、挪、闪、跌；扁、挂、突、切"和"肘在入门用、拳击三分力；起腿要狠准、用掌百般变"的拳理实战攻防技艺。充分发挥了五峰、六肘和拳、腿、掌、指、手的防卫和攻击力。

第三章 峨眉搏击术套路与实战

第一节 平圆刚柔术

一、套路

1. 柔性练习

(1) *定步平圆单揉手*

甲（穿白衣者）、乙（穿黑衣者）双方右式搭手，成自然步（图3-1），甲推乙，乙掤化（图3-2）；乙推甲，甲掤化（图3-3）。所走轨迹为一平面圆形。推出去时形成弓步，掤回来时形成半马步。圆形旋转方向可以是顺时针也可以是逆时针。

图 3-1

第三章　峨眉搏击术套路与实战

图 3-2

图 3-3

(2) 定步平圆纬线揉手

赤道圆揉手是在腰部揉出一个大腰圈（图3-4）；北回归线揉手是在肩部柔出一个中肩圈（图3-5）；北极圈揉手是在头顶上方揉出一个小顶圈（图3-6）；南回归线揉手是在膝部柔出一个中膝圈（图3-7）；南极圈揉手是在踝部揉出一小踝圈（图3-8）。以上为右式，每次推两圈，到最高或最低点，左、右互换。注意：身体要根据不同情况而有升降。

图3-4

图3-5

图 3-6

图 3-7

图 3-8

(3) 平圆进一退一单揉手

手形不变,平行步站立,搭右手(图 3-9),甲进右脚推,乙退左脚掤;乙进左脚推,甲退右脚掤。这样进一退一揉出更大的平圆圈。

图 3-9

(4) 定步平圆双探手

甲、乙双方右式双搭手，成自然步站立（图3-10），甲推乙，乙掤化，甲右弓步，乙右半马步（图3-11）；乙推甲，甲掤化，乙右弓步，甲右半马步（图3-12）。所走轨迹为一平面圆形，圆形旋转方向可以是顺时针也可以是逆时针。

图 3-10

图 3-11

图 3-12

(5) **活步平圆双揉手**

平圆进一退一双揉手动作与(3)相同。

注：以上揉手先单人练习，再双人对练更好。

2. 刚性练习

(1) **直冲拳对练**

平行步或中桩马步，两人距离一手臂长。（图略）

(2) **定步上直冲拳对练**

①单手对练：甲（穿深色衣服者）左拳上冲、乙（穿浅色衣服者）右前臂格拦（图 3-13），乙右拳上冲、甲左前臂格拦（图 3-14），以上为单手对练。

②交换手单手对练 A：甲右拳上冲，乙左前臂格拦，甲左拳上冲，乙右前臂格拦，乙右拳上冲，甲左前臂格拦，乙左拳上冲，甲右前臂格拦。以上为交换手单手对练。（图略）

第三章 峨眉搏击术套路与实战

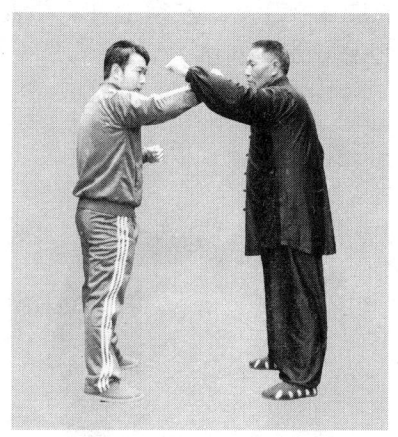

图 3-13

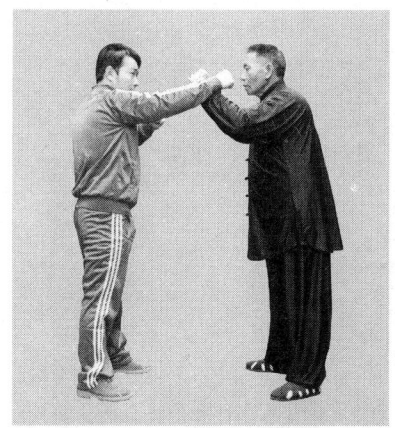

图 3-14

③交换手单手对练 B：甲左拳上冲，乙左前臂格拦（图3-15），甲右拳上冲，乙左前臂格拦（图3-16），乙右拳上冲，甲右前臂格拦（图3-17），乙左拳上冲，甲左前臂格拦（图3-18）。以上为交换手单手对练。

图 3-15

图 3-16

第三章 峨眉搏击术套路与实战

图 3-17

图 3-18

25

(3) 定步下直冲拳对练

①单手交换手对练 A：甲右下冲拳、乙左肘拦截（图 3-19），甲左下冲拳、乙左拦截（图 3-20），为单手交换手对练。

②单手交换手对练 B：甲左下冲拳、乙右拦截，乙右下冲拳，甲左肘拦截；以后甲乙左右手用下冲拳攻击。为单手交换手对练。（图略）

图 3-19

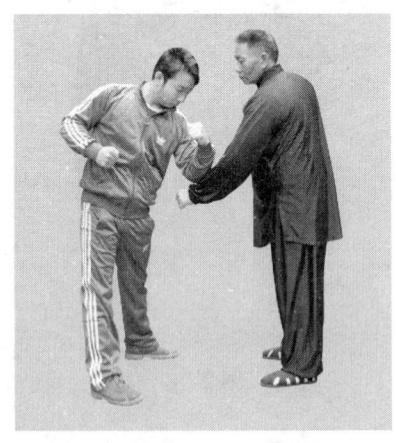

图 3-20

(4) **定步上、下直冲拳对练**

①单手对练：甲右拳上冲，乙左前臂格拦（图 3-21），甲右拳下冲、乙左肘拦截。（图 3-22）

图 3-21

图 3-22

②单手交换手对练：甲右上直冲拳、乙右前臂格拦（图3-23），甲左下直冲拳、乙左肘拦截（图3-24），双方如法单手交换对练。

图 3-23

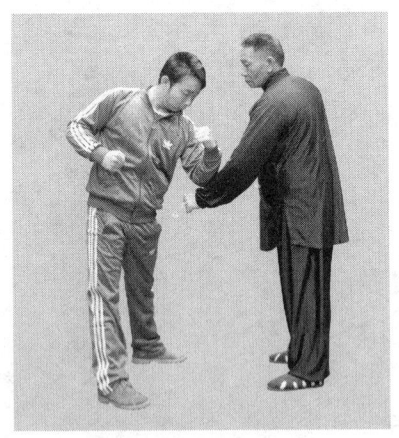

图 3-24

（5）**活步上直冲拳对练**

①进一退一单手对练：甲上左脚右上冲拳，乙退右脚左手格拦（图 3-25）；乙上右脚左上冲拳，甲退左脚右手格拦（图 3-26）。

图 3-25

图 3-26

②进一退一交换手对练：乙上右脚右上冲拳，甲退左脚左前臂格拦（图3-27），甲上左脚右上直冲拳，乙退右脚左前臂格拦（图3-28），为进一退一交换手对练。

图3-27

图3-28

③绕步对练：甲左上直拳击乙，乙向右前方上右脚绕步，左前臂格拦甲左拳，并以右上直拳击甲头部（图3-29）；甲上左脚绕步，并以右上直拳击乙头部。（图3-30）

图3-29

图3-30

（6）活步下直冲拳对练

①甲上右脚左下直冲拳击乙肋部，乙退左脚右肘拦截（图3-31），乙上左脚右下直冲拳攻击甲肋部，甲退右脚左肘拦截（图略），进一退一单手对练。

②还可进行交换手进一退一对练（图略）。

图3-31

（7）活步上下直冲拳对练

①甲上直冲拳攻击乙后，再用下冲拳攻击乙；乙用前臂格拦后，再用肘拦截，进一退一对练。（图略）

②交换手进一退一对练。（图略）

(8) **双直冲拳对练**

①定步双上直冲拳对练：甲、乙双方右式自然步站立，甲双上直冲拳击乙胸部（图3-32），乙用双前臂拦分（图3-33），再回以双上直冲拳回击甲胸部（图3-34），甲双前臂拦分后又以双上直冲拳击乙。如此反复练习下去。

图 3-32

图 3-33

图 3-34

②定步双下直冲拳对练：甲、乙双方右式自然步站立，甲双下直冲拳击乙腹部（图 3-35），乙双肘截分（图 3-36），再回以双下直冲拳回击甲腹部（图 3-37）。如此反复练习。

图 3-35

第三章 峨眉搏击术套路与实战

图 3-36

图 3-37

③定步双上、双下直冲拳对练：甲、乙双方右式自然步站立，甲双上直冲拳与双下直冲拳交替攻击乙，乙双前臂拦分、又用双肘截，然后再用双上直冲拳与双下直冲拳回击甲。如此反复练习。（图略）

④定步单上、单下直冲拳对练：甲、乙双方自然站立，甲右拳向上、左拳向下同时攻击乙的头部和腰部（图3-38），乙左臂向上、右臂向下同时格挡甲的攻击（图3-39），然后再右拳向上、左拳向下同时攻击甲的头部和腰部（图略）。

图3-38

图3-39

二、实战

1. 柔性实战

①直接掤法右式：甲（穿白衣者）、乙（穿黑衣者）双方右自然步双搭手（图3-40），乙右腿屈膝成右弓步，双手向前推甲右前臂，甲重心后移成右半马步（图3-41）。当乙失势移重心时，甲顺势屈右腿成右弓步，双手向前掤出，乙必退步倒地。（图3-42）

②直接推法右式：甲、乙双方右自然步搭手，乙右腿屈膝前弓成右弓步，双手推甲右前臂，甲重心后移成右半马步（图3-43），当乙失势后移重心时，甲顺势右手推乙右前臂，左手推乙右手腕（图3-44），将乙推出倒地。

图3-40

图 3-41

图 3-42

第三章 峨眉搏击术套路与实战

图 3-43

图 3-44

③绕步单柔法：甲、乙双方平行步搭手，乙双手推甲右前臂，甲右脚向左前方跨一步，身体右转90°，左脚跟一步落于右脚后面，乙来不及转动，甲已到乙右侧（图3-45），甲用右挒（或推）劲将乙挒出使乙倒地。（图3-46）

图 3-45

图 3-46

④玉女穿梭左式：甲、乙双方右自然步搭手（图 3-47），乙双手推甲右前臂，甲重心后移成右半马步（图 3-48），当乙失势后坐时，甲右前臂向上掤出，迫使乙两手臂向上抬起（图 3-49），甲左手脱开，向前按乙胸部将乙发出。（图 3-50）

图 3-47

图 3-48

图 3-49

图 3-50

⑤上掤前按：甲乙双方右自然步搭手，乙双手按甲右前臂，甲向上掤引，并以左手上举乙右肘（图3-51），乙失势后退，甲立即以双手按乙右前臂发劲，乙必被发出。（图3-52）

图3-51

图3-52

⑥吞吐掤发：甲乙双方右自然步搭手，乙双手按甲右前臂，甲身向后坐蓄劲成右半马步（图3-53），当乙有失落感重心后移收回按劲时，甲顺势以掤劲将乙发出。（图3-54）

图3-53

图3-54

第三章 峨眉搏击术套路与实战

2. 刚性实战

（1）主动进攻类

①定步上直冲拳击头：甲（穿浅色鞋者）、乙（穿深色鞋者）双方平行步站立，距离一臂长（图 3-55），甲右上直拳击乙头部，乙左手前臂格拦（图 3-56），甲左上直拳击乙头部，乙右前臂格拦（图 3-57），在乙习惯动作产生后，甲迅出右拳攻击乙头部，必能击中乙头部。（图 3-58）

图 3-55

图 3-56

图 3-57

图 3-58

②定步下直冲拳击肋：甲、乙双方平行步站立，甲右下直拳击乙腹部，乙左肘拦截（图3-59），甲左下直拳击乙右肋部，乙右肘拦截（图3-60），在乙习惯动作产生后，甲迅速出右下直冲拳攻击乙左肋部，必能击中乙。（图3-61）

图3-59

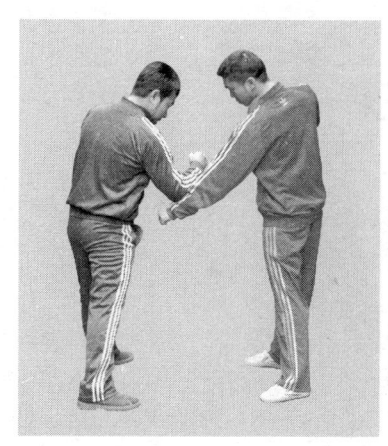

图3-60

图3-61

③活步上直拳击头：甲上左脚，右上直拳击乙头部，乙退右脚左前臂格拦（图3-62）；甲上右脚，左上直拳冲击乙头部，乙右手格拦未果。（图3-63）

图3-62

图3-63

④活步下直拳击肋:甲上左脚右下直拳击乙左肋部,乙退右脚左肘拦截(图3-64);甲上右脚上步左下直拳击乙右肋部,乙左腿退步肘未截住。(图3-65)

图3-64

图3-65

(2) 防守反击类

①左拦左反击：甲、乙双方平行步站立，乙右上直拳击甲头部，甲左前臂格拦（图3-66），然后迅速用左直拳攻击乙头部，乙未拦住。（图3-67）

图 3-66

图 3-67

②左拦右反击：甲、乙双方平行步站立，乙右上直拳攻击甲头部，甲左前臂格拦（图 3-68），并以右拳迅速攻击乙头部，乙未拦住。（图 3-69）

图 3-68

图 3-69

③右肘截右反击：甲、乙双方平行步站立，乙左下直拳攻击甲右肋部，甲右肘拦截（图3-70）并迅速用右上直拳反击攻乙头部。（图3-71）。

图 3-70

图 3-71

④下闪击腹：甲、乙双方平行步站立，乙右滑步左摆拳攻击甲面部，甲右前臂格拦（图3-72），甲左脚后撤，下沉躲避（图略），右直拳（推掌）猛击乙腹部。（图3-73）

图3-72

图3-73

⑤侧闪击肋：甲、乙双方平行步站立，乙右滑步右上直拳攻击甲面部，甲右脚向右跨避过（图 3-74），并以右下直拳击乙左肋（图 3-75），接着以左下直拳击乙右肋（图 3-76），乙受重创。甲还可以左脚前跨右上直拳（掌）击乙头部。（图 3-77）

图 3-74

图 3-75

第三章 峨眉搏击术套路与实战

图 3-76

图 3-77

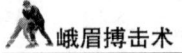

⑥搂腿击裆：甲、乙双方平行步站立，乙右踹腿击甲胸部，甲右脚御步躲其锋芒（图 3-78），左手搂乙右脚踝部（图 3-79），右脚上前一步并以右下直拳击乙裆部。（图 3-80）

图 3-78

图 3-79

图 3-80

第二节 立圆刚柔术

一、套路

1. 柔性练习（地球经线单揉手）

①定步立圆单揉手：甲（穿白衣者）、乙（穿黑衣者）双方右式搭手（图 3-81）；甲右手向乙右下方推乙右手腕（图 3-82），再向上推乙右手腕身形成右弓步，乙随甲向下划一个半圆弧，身形由右自然步过渡到右半马步（图 3-83）；乙向上推甲手腕到最高点，身形成右自然步（图 3-84），然后向下推，身形成右弓步；甲随乙在上方划一半圆弧，身型由右自然步过渡到右半马步。（图 3-85）

图 3-81

图 3-82

第三章 峨眉搏击术套路与实战

图 3-83

图 3-84

图 3-85

②定步立圆经线子午线单揉手：甲乙双方平行步站立互搭右手在甲右侧，甲右手搭乙右手腕（图3-86），向左下方绕行至最低点（腹前）（图3-87），又向左上方绕行到左肩外侧；乙随甲向右划一个下半圆弧（图3-88）；甲右手掌搭乙手腕，向右上方绕行至最高点（图3-89），又向右下方绕行至右肩外侧，乙随甲向左划一个上半圆弧。以上是甲推乙右式子午线顺时针单揉手，可推若干圈。如要练习乙推甲则方法不变，只换成乙推甲，乙右手掌搭甲右手腕在乙右侧起动而已。（图3-90）。

③月球经线单揉手：与定步立圆经线单揉手相同，只是推成小圈。（图略）

图3-86

图3-87

第三章 峨眉搏击术套路与实战

图 3-88

图 3-89

图 3-90

61

④立圆进一退一单揉手：甲乙双方互搭右手，右脚在前以右式自然步站立（图3-91），甲提左脚，乙提右脚，甲推乙向右下方到最低点（图3-92）又向上推到最远端，甲左脚向前上步成左式自然步，乙右脚向后退步成左式自然步（图3-93）；甲提左脚，乙提右脚，乙推甲至最高点（图3-94）又向下推到最远端，乙右脚向前上步成右式自然步，甲左脚向后退步成右式自然步（图3-95）；以上为立圆顺时针进一退一单揉手，可推若干圈。若要练习逆时针进一退一单揉手，则甲向左下方推可成。（图3-96、图3-97）

图3-91

图3-92

第三章 峨眉搏击术套路与实战

图 3-93

图 3-94

图 3-95

图 3-96

图 3-97

⑤立圆绕步单揉手：甲、乙双方平行步相对站立，互搭右手于头顶上方（图3-98），甲右脚向左前方上一步，身体左转90°，手掌向前、向下又向后划一半圆弧，乙右脚向左前方上一步，身体右转90°，手掌向前、向下又向后，随甲到最低点（图3-99）；甲左脚随身体右转270°并向左前

图3-98

跨一大步，右脚退到左脚右侧成平行步，右手向前、向上推乙手腕，又划另一半圆弧，乙左脚随身体右转270°并向左前跨绕一大步，右脚退到左脚右侧成平行步，右手向后、向上、向前随甲旋至最高点（图3-100）。上述方法再绕一圈，为甲推乙，为立圆绕步顺时针右式单揉手，可连续练若干遍。

图3-99

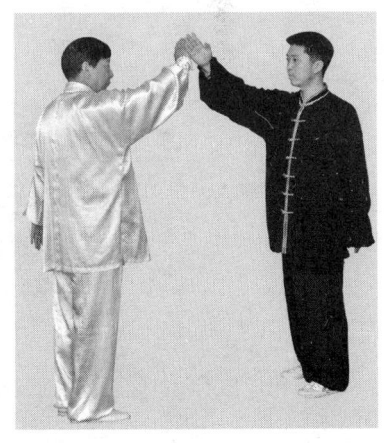

图3-100

⑥立圆绕步交换揉手：甲向右绕乙半圈（图3-101），退回搭左手（图3-102），再向左绕一圈（图3-103）乙随之，甲乙位置与开始时互换；乙绕甲与上面同样方法（图3-104），回到原位。以上绕法可练2~3遍。

图3-101

图3-102

图 3-103

图 3-104

⑦定步立圆双揉手：甲乙双方右式自然步站立，右手腕互搭，左手扶于对方右肘，甲成右半马步，乙成右弓步，揉手的方法与①定步立圆单揉手相同。（图略）

注：扶对方肘的手掌要贴住不能离开。

⑧活步立圆进一退一双揉手：甲乙双方右式自然步站立，右手腕互搭，左手扶于对方右肘，甲、乙均为右式自然步，揉手的方法与②定步立圆经线子午线单揉手相同。（图略）

注：扶对方肘的手掌要贴住不能离开。

⑨活步立圆绕步双揉手：甲乙双方右式自然步站立，右手腕互搭，左手扶于对方右肘，甲、乙均为右式自然步，揉手的方法与⑤立圆绕步单揉手相同。（图略）

注：以上揉手可先单人练习，再双人对练更好。

2. 刚性练习

（1）定步上勾拳击下颌对练

①甲、乙双方左格斗势相对站立，甲（男）右上勾拳击乙（女）下颌或头部侧面（图3-105），乙左前臂格拦（图3-106）；乙右上勾拳击甲下颌或头部侧面（图3-107），甲左前臂格拦。（图3-108）

图3-105

图3-106

第三章　峨眉搏击术套路与实战

图 3-107

图 3-108

②甲、乙双方左格斗势相对站立,甲右上勾拳击乙下颌或头部侧面,乙左前臂格拦(图3-109),甲左上勾拳击乙下颌或头部侧面(图3-110),乙右前臂格拦(图3-111)。以后乙用右、左手上勾拳攻击,甲用左、右前臂格拦(图3-112),如此练习。

图 3-109

图 3-110

第三章 峨眉搏击术套路与实战

图 3-111

图 3-112

(2) 定步侧上勾拳击肋对练

①甲、乙双方右格斗势相对站立，甲右侧勾拳击乙肋部，乙左肘拦截（图3-113）；乙左侧勾拳反击甲肋部，甲右肘拦截（图3-114），如此反复练习。

图3-113

图3-114

②甲左势、乙右势站立,甲左侧勾拳击乙肋部,乙右肘拦截(图3-115);甲右侧勾拳击乙肋部,乙左肘拦截(图略),以后是乙攻击,甲防守。(图3-116)

图 3-115

图 3-116

（3）**活步上勾拳对练**

①甲、乙双方右格斗势相对站立，甲右脚上步用右上勾拳攻击乙下颌，乙退左脚，左前臂格拦（图3-117）；乙上左脚，左上勾拳击甲下颌，甲退右脚，右前臂格拦。（图3-118）

图3-117

图3-118

②甲上右脚用右上勾拳击乙下颌，乙退左脚，左前臂格拦；甲再上左脚，用左勾拳击乙下颌，乙退右脚，右前臂格拦（图略）。以上是甲攻击乙，乙防守；以后是乙攻击甲，甲防守。如此反复练习。

（4）*活步侧上勾拳击肋对练*

也可分成进一退一单式练习和进一退一交换手对练，只是将动作换成击肋而已。

（5）*定步、活步侧上勾拳击下颌与击肋对练*

①定步对练：甲、乙双方左格斗势相对站立，甲右上勾拳击乙下颌，乙左前臂格拦；乙右勾拳反击甲肋部，甲左肘拦截，如此反复交换练习。（图略）

②活步对练：甲左格斗势、乙右格斗势相对站立，甲上右脚用右上勾拳击乙下颌，乙退右脚，左前臂格拦（图略）；乙上左脚，右侧勾拳攻击甲肋部，甲退右脚，左肘拦截（图3-119）。如此反复进一退一交换手对练。

图 3-119

(6) 定步、活步上勾拳与直冲拳对练

①定步对练：甲、乙双方右格斗势相对站立，甲右上勾拳击乙下颌，乙左前臂格拦（图3-120）；乙右直拳反击甲头部，甲左前臂格拦（图3-121）。如此反复交换手对练。

图3-120

图3-121

②活步对练：甲、乙双方平行步相对站立，甲上右脚用右上侧勾拳击乙下颌或头部侧面，乙退左脚，左前臂格拦（图3-122）；乙上左脚，左直拳击甲头部，甲退右脚，右前臂格拦（图3-123）。如此反复进一退一交换手练习。

图 3-122

图 3-123

(7) 砍掌对练

与勾拳对练动作相同，只将勾拳改为砍掌即可。

二、实战

1. 柔性实战

①下按发劲：甲（穿白色衣服者）、乙（穿黑色衣服者）双方按右式单搭手（图3-124），乙右手向上推甲右前臂，甲右臂向上掤住乙右手回坐（图3-125），当乙失势回撤时，甲右手用下按劲将乙发出。（图3-126）

图3-124

图3-125

图3-126

②上冲发劲：甲、乙双方按右式双搭手，乙右手向下推甲右前臂，甲右前臂掤住乙右手向下回坐（图3-127），当乙失势回撤时，甲右手用上冲劲将乙发出。（图3-128）

图3-127

图3-128

③左掤右捋：甲、乙双方按左式双搭手（图3-129），乙双手推甲左前臂，甲左前臂掤住乙双手，身体后坐，右手内旋向上轻抚乙左前臂（图3-130），当乙双手推得过猛，不易回撤时，甲顺势将乙向右捋出。（图3-131）

图 3-129

图 3-130

图 3-131

④上捋左式:甲、乙双方按左式双搭手,乙双手向上推甲左前臂,甲左前臂向上掤住乙(图3-132),甲右手向上托乙左肘,身体后坐(图3-133),当乙双手上推之力量较猛,不易回收时,甲双手用捋劲,身体向左上旋转将乙抛出。(图3-134)

图3-132

图3-133

图3-134

⑤前冲劲按胸：甲、乙双方右式双搭手，甲双手按乙的右前臂，乙用右前臂掤住甲后坐（图3-135），甲趁乙后坐时，将乙右、左手分开（图3-136），双手按乙的胸部，发前冲劲将乙发出。（图3-137）

图3-135

图3-136

图3-137

⑥松化进步发放：甲、乙双方右式双搭手（图3-138），乙用两手按甲两上臂，甲两手放松（图3-139），甲右脚向前上步并向下蹬地发力，两手之力作用于乙胸腹部（图3-140），将乙推出。

图3-138

图3-139

图3-140

2. 刚性实战

①勾打耳门法：甲（男）、乙（女）双方平行步相对站立，乙左垫步起右低踹腿攻击甲左膝关节，甲速提左脚避过（图3-141），乙落脚以左直拳攻击甲面部，甲落步左拳下压乙左前臂向外格挡（图3-142），甲右平勾拳攻击乙耳门或下颌。（图3-143）

图 3-141

图 3-142

图 3-143

②勾拳击面部法：甲、乙双方平行步相对站立，乙左垫步纵身右踹腿攻击甲胸部，甲迅速后仰闪躲（图3-144），乙落步时，甲右脚上步，右大腿贴乙右大腿外侧，甲左手搂抱乙背，右上勾拳击乙面部。（图3-145）

图3-144

图3-145

③勾拳击下颌法：甲、乙双方平行步相对站立，乙左滑步进身以左直拳击打甲面部，甲速向后闪避（图 3-146），甲左手拍推乙右肘部，右上勾拳击打乙下颌。（图 3-147）

图 3-146

图 3-147

④勾拳击打后脑法：甲、乙双方平行步相对站立，乙右脚向前滑步，左脚进到甲裆前，以左上直拳击打甲面部，甲右脚横跨一步，左脚向右脚内侧收撤，避开来拳（图 3-148），甲左手推乙左肘外侧，右侧勾拳击乙脑后。（图 3-149）

图 3-148

图 3-149

⑤勾拳击打胸腹法：甲、乙双方平行步相对站立，乙左垫步右摆拳打向甲头部，甲退右脚下沉避过（图3-150），当乙拳头刚过头顶上空时，甲迅速以右上勾拳攻击乙腹部（图3-151），紧跟以左上勾拳攻击乙胸部。（图3-152）

图 3-150

图 3-151

图 3-152

⑥勾拳击打两肋法：甲、乙双方平行步相对站立，乙右脚向前滑步并用右上直拳攻击甲面部，甲左脚前进一步，以左前臂格挡乙右前臂内侧（图3-153），甲向前搂抱乙颈部，使其与自己相互紧贴，然后右上勾拳连续击打乙左肋。（图3-154）

图3-153

图3-154

⑦勾拳击打腰部法：甲、乙双方平行步相对站立，乙左脚向前滑步并以左直拳攻击甲面部，甲左前臂上架（图 3-155），乙以左前臂锁甲颈，甲左前臂拦乙左拳，右勾拳击打乙腰部。（图 3-156）。

图 3-155

图 3-156

第三节 折叠刚柔术

一、套路

1. 柔性练习

①定步折叠单揉手：甲（穿白衣服者）、乙（穿黑衣服者）双方右式搭手（图3-157），甲右手向乙右下方推乙手腕到最低点（图3-158），再向上推，右手臂旋转180°到最高点（乙头部右前方），乙随甲手的路线成"V"字型（图3-159），以后乙用同样的方法推甲（图3-160）。这样可练若干个来回，以上为顺推，如练逆推则甲右手向乙左下方推成逆式，推手的方法不变。（图3-161）

图 3-157

图 3-158

图 3-159

图 3-160

图 3-161

②定步折叠绕头单揉手：甲、乙双方右式搭手，甲右手向乙右下方推乙手腕到最低点，再向上推，右手臂旋转180°到最高点（乙头部右前方），乙随甲手的路线划半个"8"字（图3-162）。乙右掌贴甲右手腕，在乙头上绕向左侧（图3-163），再向右下方推到最低点（图3-164），以后乙重复甲的动作，又推出另外半个"8"字。这样可推若干个闭"8"字。

图3-162

以上为定步折叠绕头顺揉手，若要练定步折叠绕头逆揉手则甲向乙左下方推，推手的方法不变。（图略）

图3-163

图3-164

③定步折叠交换手绕头揉手：甲右手在乙头上向左绕行时，甲左掌伸到乙头顶左前方，乙左掌搭甲左手腕（图3-165），甲、乙均松开右手，乙向甲左下方推按，逆时针方向走半个"8"字（图3-166），以后交换成右手推，这样就完成折叠交换手绕头揉手。可练若干个"8"字。

图3-165

图3-166

④活步折叠进二退二单揉手：甲乙双方右式搭手，甲右手向乙右下方推乙手腕到最低点，左脚上一步；乙以右手腕搭甲手，右脚退一步（图3-167）；甲右掌上推乙右手腕，手臂内旋180°到最高点，右脚上一步成右自然步；乙右手腕内旋180°，随甲到最高点，右手掌扶甲右手腕（图3-168）。以后是乙推甲进二退二，完成一次活步折叠顺进二退二单揉手。这样可推若干次。如要逆进二退二，则甲右手向乙左下方推乙手腕，进二退二（图3-169），即为活步折叠逆进二退二单揉手。

图 3-167

图 3-168

图 3-169

⑤活步折叠绕头进二退二单揉手：在②定步折叠绕头单揉手基础上，进二退二进行单揉手，也分活步折叠进二退二绕头单揉手。（图略）

⑥定步折叠双揉手：与①相同，只是右手相搭，左手扶于对方右手肘部（图3-170），双揉手的方法与单揉手相同。

⑦折叠活步进二退二双揉手：与④相同，只是右手相搭，左手扶于对方右肘部，双揉手的方法与单揉手相同。（图略）

图 3-170

2. 刚性练习

（1）定步摆拳对练

①定步摆拳击头单式练习：甲（穿白色衣服者）、乙（穿黑色衣服者）双方平行步相对站立（图3-171），甲右摆拳击乙头部，乙左前臂格拦（图3-172）；乙左摆拳还击，甲右前臂格拦（图3-173）。以后反复练习，以上为定步摆拳单势练习。

第三章 峨眉搏击术套路与实战

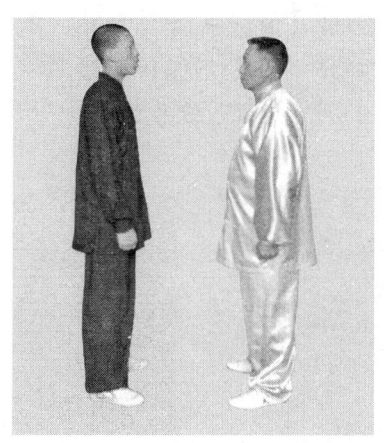

图 3-171

图 3-172

图 3-173

②定步摆拳击头交换手练习（一）：甲、乙双方平行步相对站立，甲右摆拳击乙头，乙右前臂格拦（图3-174）；甲左摆拳击乙头，乙右前臂格拦（图3-175），然后以左摆拳攻击甲头，甲右前臂格拦（图3-176）；乙右摆拳攻击乙头，甲左前臂格拦（图3-177）。这样反复交换手练习。

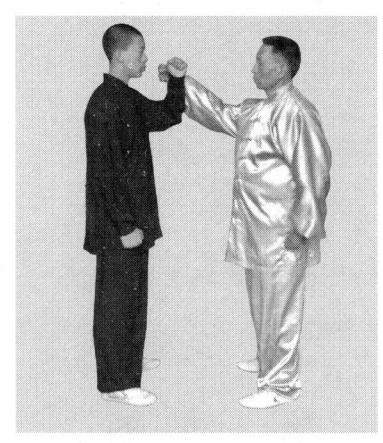

图3-174

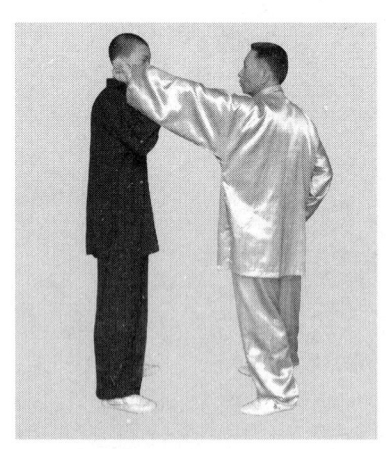

图3-175

第三章 峨眉搏击术套路与实战

图 3-176

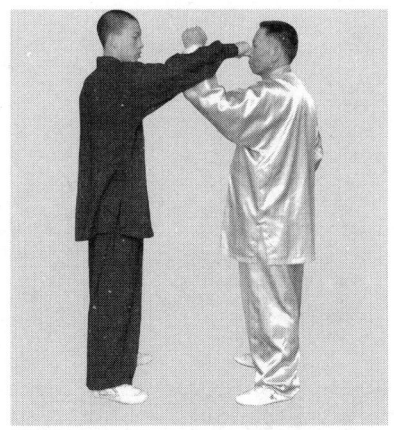

图 3-177

99

③定步摆拳击头交换手练习（二）：甲、乙双方平行步相对站立，甲右摆拳击乙头，乙右前臂格拦（图 3-178）；乙左摆拳击甲头，甲左前臂格拦（图 3-179）。如此反复交换手练习。

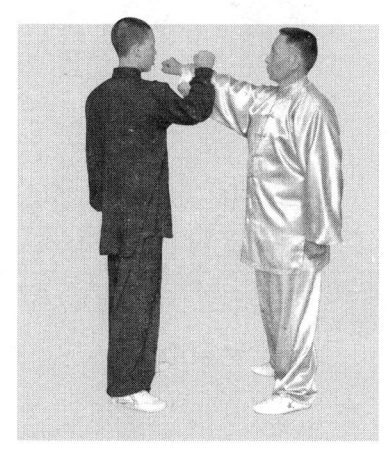

图 3-178

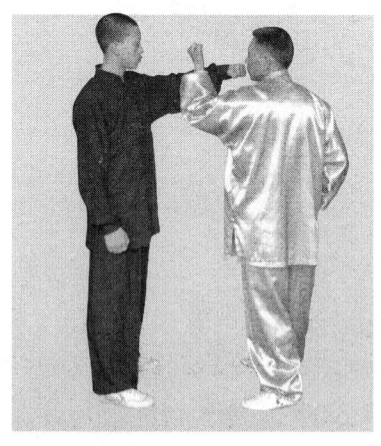

图 3-179

(2) 上步摆拳对练

①进一退一左摆拳对练：甲、乙双方平行步相对站立，甲上左脚向前滑步并以左摆拳击乙头部，乙右脚后退并以右前臂格拦（图 3-180）；乙上右脚向前滑步并以右摆拳击甲头部；甲左脚后退并以左前臂格拦（图 3-181）。如此反复练习。

图 3-180

图 3-181

②活步进二退二左、右摆拳对练：甲、乙双方平行步相对站立，甲上左脚并以左摆拳击乙头部，乙右脚后退并以右前臂格拦（图3-182）；甲再上右脚并以右摆拳击乙头部，乙左脚退一步并以左前臂格拦（图3-183）。两人交换，反复练习。

图3-182

图3-183

(3) 闪身步摆拳对练

①甲、乙均用闪身步化掉摆拳：甲、乙双方平行步相对站立，甲右脚向右横开半步，左脚跟半步，并以右摆拳击乙头部，乙右脚向右横开半步（闪身），左脚跟半步，化掉甲摆拳（图3-184）。乙右脚向右横开半步，左脚跟半步，并用右摆拳击甲头部，甲再闪身化掉乙的来拳（图3-185），如此单势或交换手练习。

图3-184

图3-185

②甲、乙闪身化掉摆拳并回击：甲摆拳击来，乙闪身化掉并以直拳或勾拳回击。（图 3-186、图 3-187）

图 3-186

图 3-187

第三章　峨眉搏击术套路与实战

（4）双摆拳对练

①定步双摆拳对练：甲、乙双方平行步相对站立，甲双摆拳攻击乙头部（贯耳），乙双手前臂上举拦（图 3-188），再用双摆拳反击甲头部，甲双手前臂上举拦（图 3-189），如此练习。

图 3-188

图 3-189

②活步进二退二双摆拳对练：甲、乙双方平行步相对站立，甲上右脚，以双摆拳攻击乙头部（贯耳），乙退左脚，双手前臂上举拦（图3-190），甲上左脚，以双摆拳击乙头部（贯耳），乙退右脚，双手前臂上举拦（图3-191），以后乙上右脚再上左脚，用双摆拳反击甲头部，甲退左脚再退右脚，双手前臂上举拦乙双摆拳（图略）。如此进二退二练习。

图3-190

图3-191

(5) 扇面掌对练

同摆拳对练,只是将摆拳改为扇面掌即可。(图略)

二、实战

1. 柔性实战

①侧向旋打:甲、乙双方右式自然步站立,互搭左手,右手扶对方左肘(图3-192);乙双手推甲左手,甲左臂掤化乙来势(图3-193);甲趁乙来势,左手扶乙左手腕,右掌扶乙左肩,侧向左旋打,将乙旋出。(图3-194)

图 3-192

图 3-193

图 3-194

②右推肘、右进手、左旋打：甲、乙双方右式自然步站立，互搭左手，乙双手推甲左臂（图3-195）；甲左手掤乙左腕，右手从乙左腋下穿入，身体后坐成左半马步（图3-196），甲右手挑乙左腋下，将乙右旋打出。（图3-197）

图 3-195

图 3-196

图 3-197

③左进手、右挤腕、右旋打：甲、乙双方对峙站立（图3-198），甲左脚上前一步，左手从乙右腋下穿进，左臂上挑乙右腋，右手向乙左腕挤推（图3-199）使乙产生抗劲；甲左手突然松开，趁机身体右转，进右手向上、向下旋打，将乙发出。（图3-200）

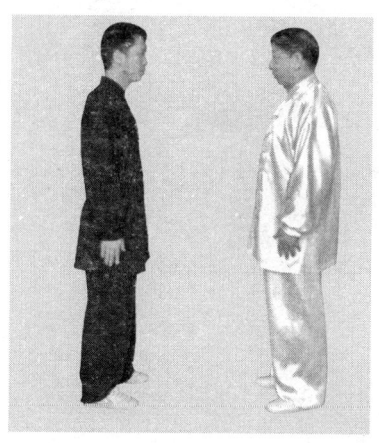

图 3-198

图 3-199

图 3-200

④转身压左臂旋打：甲、乙双方对峙站立，右式搭手（图3-201），甲突然进左手用左臂挑乙右腋，同时右腕向前推乙左臂，乙产生抗劲，甲转身右臂压左臂将乙旋打出去。（图3-202）

图 3-201

图 3-202

⑤双进手挑腋，右旋打放摔：甲乙双方平行格斗式站立（图3-203），乙上右脚突然两手从甲两腋下穿过，向上挑甲两腋，略使甲两脚离地（图3-204）；甲突然放松右肩，身体右转，同时左臂向右横打，使乙向左侧倾倒。（图3-205）

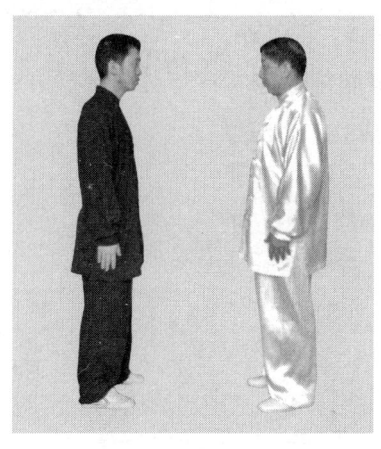

图3-203

图3-204

图3-205

2. 刚性实战

(1) 防守反击类

① 下闪后的摆拳：甲（穿深色衣服者）乙（穿浅色衣服者）双方平行步站立，乙右直拳攻击甲面部，甲后仰避过（图3-206），乙左摆拳攻甲右侧，甲右移半步下蹲闪避（图3-207），用左前臂前掤，然后以右摆拳攻击乙后脑。（图3-208）

图 3-206

图 3-207

图 3-208

②侧闪后的摆拳：甲乙双方平行步站立，乙以左直拳攻击甲面部，甲向右侧闪化（图3-209），乙左踹腿击来（图3-210），甲向右前侧滑步，左脚向乙臀部后方上一步，以右摆拳击乙后脑。（图3-211）

图 3-209

图 3-210

图 3-211

③格挡后的摆拳：甲乙双方平行步站立，乙左垫步右脚向甲裆部弹踢，甲后滑躲过（图3-212）。乙落脚，以左直拳攻击甲面部，甲右前臂格拦乙左臂（图3-213），甲右脚前滑，以右摆拳击打乙左脸部。（图3-214）。

图 3-212

图 3-213

图 3-214

④挂腿后的摆拳：甲乙双方平行步站立，乙左垫步，右腿向甲腹部踹击，甲后撤左脚避闪，右手挂乙右腿后侧不松脱（图3-215），甲左脚前跨，右手推乙右脚，左手摆拳击乙后脑。（图3-216）。

图3-215

图3-216

（2）**主动攻击类**

①直拳掩护中的摆拳：甲乙双方平行步站立，甲右直拳攻击乙面部，乙右手前臂格拦甲右手腕（图3-217），甲右手下压乙左前臂，左手摆拳攻击乙面部。（图3-218）

图 3-217

图 3-218

②连环性勾摆拳：甲乙双方平行步站立，甲左脚向前滑步，并以左摆拳攻击乙头部右侧，乙退右脚下闪避过（图3-219），甲变右摆拳击乙头部左侧。（图3-220）

图3-219

图3-220

③掩护中的摆拳：甲乙双方平行步站立，甲右垫步以左低鞭腿攻击乙右腿，乙后跳避过（图3-221），甲左摆拳攻击乙脸右侧，乙右前臂格拦（图3-222），甲再以右摆拳攻击乙面部。（图3-223）

图 3-221

图 3-222

图 3-223

④惊下取上的摆拳：甲乙双方平行步站立，甲右脚向前滑步，以左拳攻击乙裆部，乙后跃步避过（图 3-224），甲左脚上步，右摆拳攻击乙头部，乙左前臂格挡（图 3-225），甲再以左摆拳攻击乙后脑。（图 3-226）

图 3-224

图 3-225

图 3-226

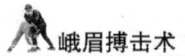

第四节　多变刚柔术

一、套路

1. 柔性练习

(1) 定步四正单揉手

甲（穿白衣服者）乙（穿黑衣服者）双方右式单搭手，甲向右将乙掤回，乙身体回坐成自然步（图3-227）；甲向乙右手挤出，乙身体回坐成右半马步（图3-228）。以后乙掤甲捋（图3-229）、乙挤甲按（图3-230）动作与前面相同。可揉若干个来回。

图3-227

图3-228

第三章 峨眉搏击术套路与实战

图 3-229

图 3-230

(2) 定步四正双揉手

甲乙双方自然步搭右手，左手扶于对方右肘（图3-231）；甲按乙掤，甲右手掌按乙右手腕，左掌按乙右肘成右弓步，乙右掤甲之双手，含胸后坐成右半马步，使甲按劲落空（图3-232）。甲挤乙捋，甲将右臂抱圆，左手附于右前臂内侧平挤乙胸，乙捋引甲右前臂，松两臂坐身引化，甲身体再前弓一点，乙身体再后坐一点（图3-233）。乙按甲掤（图3-234），乙挤甲捋（图3-235），如要求换手法，则甲挤乙捋后，甲右手掤势不变，左手由立掌变横掌掤圆，甲左手腕黏乙左掌，乙右掌附于甲左肘，甲松开右前臂，右手轻扶乙左肘（图3-236），然后乙按甲掤（图3-237），这样手就换过来了。

图3-231

图3-232

第三章　峨眉搏击术套路与实战

图 3-233

图 3-234

图 3-235

图 3-236

图 3-237

（3）活步进三退三四正双揉手

①直线形：甲乙双方平行步右式双搭手，甲右脚上一步成右弓步双手向前推乙，乙左脚后退一步成右半马步掤住甲双手（图3-238），甲再左脚上一步成左弓步双手向前下方按乙，乙右脚后退一步成左半马步掤住乙双手（图3-239）；甲右脚上步成右弓步同时以双手挤乙，乙左脚后退一步成右半马步顺势将甲（图3-240）；甲挤劲落空，随即左手掤出，接住乙之双手，如前乙推挤，甲掤按，乙上三步，甲退三步；这样就完成了活步直线式进三退三双揉手。可练若干遍。

图3-238

图3-239　　　　　　　　　图3-240

②之字形：甲乙双方平行步右式双搭手，推手的方法与直线形相同，只是起动时，甲身体左转45°，右脚向乙右前方跨一步，乙身体左转45°，右脚后退一步（图3-241）。总的来说，甲进三步，乙退三步，第三步末甲挤乙按，甲挤劲落空，随即掤左手接住乙双手，右手扶乙左肘，身体向右旋转90°，乙

图3-241

双手按甲左臂，身体右转90°；然后乙进三，甲退三，乙推挤，甲掤按，就这样成之字形揉手（图3-242、图3-243）。可以走若干个之字。如要前进后原路退回，则甲第三步末不转身而直接左掤退回来。

图3-242

图3-243

2. 刚性练习

（1）直拳与勾拳对练

①定步对练 A：甲、乙双方平行步相对站立，甲右直拳击乙头部，乙左前臂格拦（图 3-244）；乙右勾拳还击甲颈部，甲左前臂格拦（图 3-245）；乙左直拳击甲头部，甲右前臂格拦（图 3-246）；甲左勾拳还击乙颈部，乙右前臂格拦（图 3-247）。如此反复为定步交换手练习。

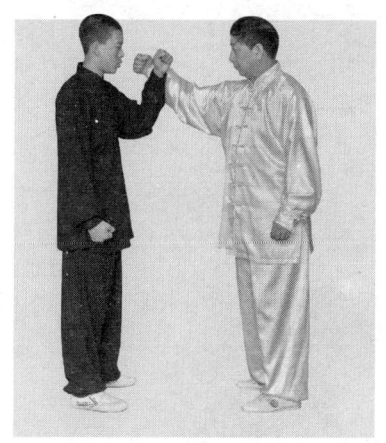

图 3-244

图 3-245

图 3-246

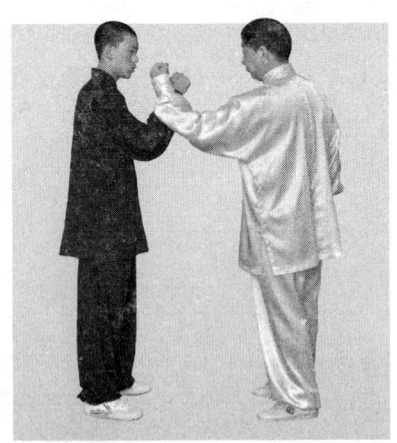

图 3-247

②定步对练 B：甲、乙双方平行步相对站立，甲右直拳击乙左肋部，乙左肘拦截（图 3-248）；乙右勾拳还击甲颈部，甲左前臂格拦（图 3-249）。乙左直拳击甲右肋部，甲右肘拦截（图 3-250），甲左勾拳还击乙颈部，乙右前臂格拦（图 3-251）。如此反复为定步交换手练习。

图 3-248

图 3-249

图 3-250

图 3-251

③活步对练：甲、乙双方平行步相对站立，甲上右脚，右直拳击乙头部，乙退左脚，左前臂格拦（图3-252）；乙上左脚，以右勾拳还击甲颈部，甲退右脚，以左前臂格拦（图3-253）。乙上右脚，左直拳击甲头部，甲退左脚，右前臂格拦（图3-254）；甲上左脚，以右勾拳还击乙颈部，乙退右脚，以左前臂格拦（图3-255）。如此反复为活步进一退一交换手练习。

图3-252

图3-253

图 3-254

图 3-255

(2) **直拳与摆拳对练**

①定步对练 A：甲、乙双方平行步相对站立，甲右直拳击乙头部，乙左前臂格拦（图3-256）；乙右摆拳还击甲头部，甲左前臂格拦（图3-257）。乙右直拳击甲头部，甲左前臂格拦（图3-258）；甲右摆拳还击乙头部，乙左前臂格拦（图3-259）。如此反复为定步交换手练习。

图 3-256

图 3-257

图 3-258

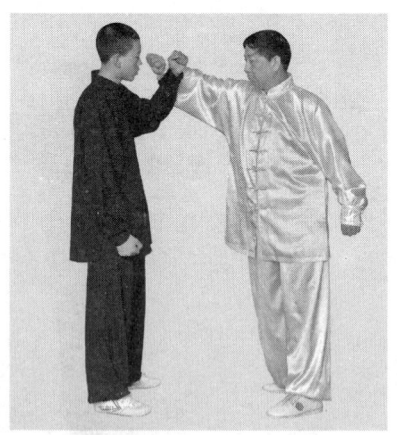

图 3-259

②定步对练 B：甲、乙双方平行步相对站立，甲右直拳击乙左肋部，乙左肘拦截（图 3-260）；乙右摆拳还击甲头部，甲左前臂格拦（图 3-261）；乙左直拳击甲右肋部，甲右肘拦截（图 3-262）；甲左摆拳还击乙头部，乙右前臂格拦（图 3-263）。如此反复为定步交换手练习。

图 3-260

图 3-261

图 3-262

图 3-263

③活步对练：甲、乙双方平行步相对站立，甲上右脚，右直拳击乙头部，乙退左脚，左前臂格拦（图3-264）；乙上左脚，以右摆拳还击甲头部，甲退右脚，以左前臂格拦（图3-265）；乙上右脚，右直拳击甲头部，甲退左脚，左前臂格拦（图3-266）；甲上左脚，以右摆拳还击乙头部，乙退右脚，以左前臂格拦（图3-267）。如此反复为活步进一退一交换手练习。

图 3-264

图 3-265

图 3-266

图 3-267

(3) 砍掌与摆拳对练

①定步对练：甲、乙双方平行步相对站立，甲右掌砍击乙颈部，乙左前臂格拦（图3-268）；乙右摆拳还击甲头部，甲左前臂格拦（图3-269）；乙左掌砍击甲颈部，甲右前臂格拦（图3-270）；甲右掌还击乙头部，乙左前臂格拦（图3-271）。如此反复为定步交换手练习。

图 3-268

图 3-269

图 3-270

图 3-271

②活步对练：甲、乙双方平行步相对站立，甲右脚上步，右掌砍击乙头部，乙退左脚，左前臂格拦（图3-272）；乙左脚上步，以右摆拳还击甲头部，甲退右脚，以左前臂格拦（图3-273）。乙右脚上步，右勾拳攻击甲颈部，甲退左脚，左前臂格拦（图3-274）；甲左脚上步，以右摆拳还击乙头部，乙退右脚，以左前臂格拦（图3-275）。如此反复为活步进一退一交换手练习。

注：拳、掌对练可变化出更多的套路。

图3-272

图3-273

图 3-274

图 3-275

二、实战

1. 柔性实战

①上掤前按:甲乙双方右式自然步搭手,乙双手按甲右臂,甲右臂上掤,左手搭乙右肘(图3-276);乙退步时,甲双手按乙右前臂,将乙发出。(图3-277)

图3-276

图3-277

②吞吐掤发：甲乙双方右式自然步搭手，乙双手按甲右臂向前发劲，甲身体后坐成右半马步，使乙有失落感（图3-278）；当乙收回按劲时，甲顺其退势，以右臂掤乙双臂将乙发出。（图3-279）

图 3-278

图 3-279

③单鞭掌：甲、乙双方右式搭手，乙双手推甲右前臂，由自然步过渡到右弓步，甲右掤内旋向上，右手扶乙右前臂后坐成右半马步（图3-280）；甲趁乙后撤，右手滑至乙右手腕上，拇指、中指合劲抓住乙方，左脚上步，左手掌推击乙右腋（图3-281），把乙推出。

图3-280

图3-281

④右捋左靠：甲、乙双方平行步右式搭手，乙左脚上步双手推甲右前臂，甲右脚后退，身体右转，以右手贴乙右手腕，左手贴乙右前臂向右后方捋（图3-282），乙身未稳，甲边捋边右转，以左肩向右靠击乙右背部（图3-283），使其扑倒。

图3-282

图3-283

⑤左进手右挤腕右旋打放摔：甲左自然步，乙右自然步站立，甲左手和乙右手互搭，甲突然突破，左手按乙右手臂外侧固住乙右臂，右手向前推挤乙左手腕，使乙左臂屈固于胸前（图3-284），甲右手加力使乙产生抗劲；甲借乙抗劲，右手突然下捋乙左前臂，同时身体右转，左臂向前推乙胸，使乙倾倒。（图3-285）

图3-284

图3-285

⑥按胸抛放：甲乙双方自然步右式双搭手，甲双手斜向下按乙右前臂，由自然步过渡到右弓步，乙右前臂上掤甲两手并后坐成右半马步（图3-286）；甲趁乙后坐之时，两手分开乙双手并推按乙胸，利用后蹬之劲将乙斜向抛出。（图3-287）

图3-286

图3-287

2. 刚性实战

（1）*第一击为佯击，第二击为突击*

①甲、乙双方平行步相对站立，甲左直拳佯击乙头部（图3-288），实则右直拳攻击乙头部。（图3-289）

图 3-288

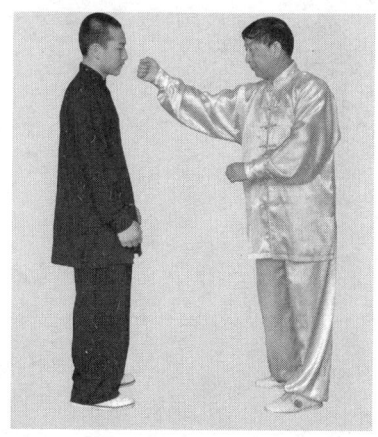

图 3-289

②甲、乙双方平行步相对站立，甲右摆拳佯击乙头部（图 3-290），实则以左上勾拳击乙下颔。（图 3-291）

图 3-290

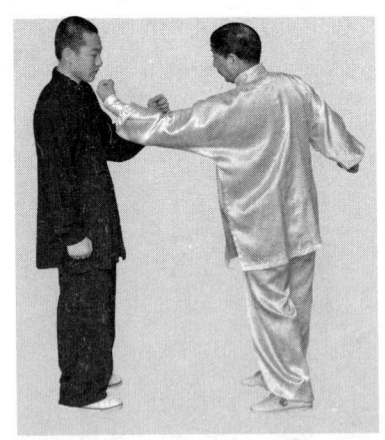

图 3-291

③甲、乙双方平行步相对站立,甲左直拳佯击乙头部(图3-292),实则以右边腿攻击乙腰部。(图3-293)

图 3-292

图 3-293

(2) 第一、二为佯击，第三击为突击

①甲、乙双方平行步相对站立，甲左直拳击乙头部（图3-294），右拳佯击乙上部（图3-295），实则右垫步，以侧踹腿攻击乙腹部。（图3-296）

图 3-294

图 3-295

图 3-296

第三章　峨眉搏击术套路与实战

②甲、乙双方平行步相对站立，甲右鞭腿击打乙左腿（图3-297），甲左小腿佯击乙右腿（图3-298），实则垫步用右侧踹腿攻击乙腹部。（图3-299）

图 3-297

图 3-298

图 3-299

③甲、乙双方平行步相对站立,甲右蹬腿击打乙左腿(图3-300),甲左边腿佯击乙腹部(图3-301),实则垫步用右蹬腿攻击乙小腹部。(图3-302)

图 3-300

图 3-301

图 3-302

(3) **对付左冲拳的回击法**

①甲、乙双方平行步相对站立,乙右冲拳攻击甲头部,甲向右侧闪躲过对方来拳,以左前臂格挡来拳(图3-303),并用右冲拳攻击对方头部。(图3-304)

图 3-303

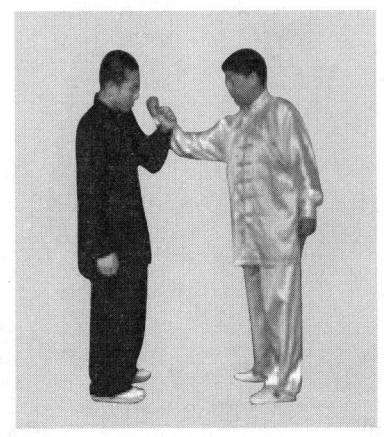

图 3-304

②甲、乙双方平行步相对站立，乙左冲拳攻击甲头部，甲右脚向左侧上步，避开对方左冲拳，用右蹬腿攻击乙腹部。（图3-305）

图 3-305

③甲、乙双方平行步相对站立，在乙没有采取任何攻击动作前，甲迅速右腿屈膝蹬击对方腹部。（图3-306）

④甲、乙双方平行步相对站立，乙左冲拳攻击甲头部，甲用右前臂从乙前臂上滑压格乙左冲拳，顺势用左勾拳回击乙头部。（图3-307）

图 3-306

图 3-307

（4）对付右冲拳的回击法

①甲、乙双方平行步相对站立，乙右冲拳攻击甲头部，甲右前臂阻挡来拳，左冲拳攻击对方头部。（图 3-308）

②甲、乙双方平行步相对站立，乙右冲拳攻击甲头部，甲左闪，用左贯拳由外侧攻击乙头部。（图 3-309）

③甲、乙双方平行步相对站立，乙右冲拳攻击甲头部，甲用正蹬腿攻击乙腹。（图 3-310）

图 3-308

图 3-309

图 3-310

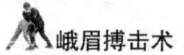

第五节 肘、膝刚柔术

一、套路

1. 柔性练习

（1）肘的练习

①定步平圆单揉肘：甲乙双方右式自然步站立，以右手前臂相搭（图3-311）。甲用右前臂推乙右前臂向右前方环绕，甲成右弓步，乙掤住甲前臂慢慢后坐成右半马步（图3-312）；乙右前臂推甲右前臂，甲掤住乙前臂慢慢后坐成右半马步（图3-313）。以上是顺推，推一个平圆圈，以逆时针方向旋转。如按顺时针方向旋转，则甲推乙向左前方环绕。（图3-314）

图3-311

图3-312

图 3-313

图 3-314

②定步平圆双揉肘：甲乙双方右（左）式自然步站立，以右手前臂相搭，左手扶于对方右肘尖（图3-315），甲用右前臂推乙右前臂向右前方环绕，左手扶于对方右肘尖不变，乙掤住甲前臂慢慢后坐成右半马步（图3-316）；乙右前臂推甲右前臂，左手扶于对方右肘尖不变，甲掤住乙前臂慢慢后坐成右半马步（图3-317）。以上是顺推，推一个平圆圈，为逆时针方向旋转。如按顺时针方向旋转，则甲推乙向左前方环绕。（图3-318）

图3-315

图3-316

图 3-317

图 3-318

③中竖轴跟步揉肘：甲乙双方右式自然步站立，以右手前臂相搭，左手扶于对方右肘尖，甲用右前臂推乙右前臂向正前方偏上揉肘，右脚前滑半步，左脚跟半步，双方左手扶于对方右肘尖不变，乙左脚退半步，右脚也退半步（图3-319）。甲以这样的方式揉肘跟进三个半步，乙退三个半步。乙用右前臂推甲右前臂向正前方偏上揉肘，右脚前滑半步，左脚跟半步，双方左手扶于对方右肘尖不变，甲左脚退半步，右脚也退半步（图3-320）。乙以这样的方式揉肘跟进三个半步，甲退三个半步。可练若干遍

图3-319

图3-320

第三章　峨眉搏击术套路与实战

④定步四正右式双揉肘：甲乙双方右式自然步站立，以右手前臂相搭，左手扶于对方右肘尖；甲右手前臂按乙右手前臂成右弓步，乙右手前臂掤住后坐成右半马步（图3-321）。甲按劲落空，左手附于右前臂内侧向乙胸部挤时，甲右腿屈膝前弓，双手向前挤，乙左手捋甲右肘尖，身体后坐（图3-322）。乙按甲掤与甲按乙掤方法类似，只是甲、乙位置互换（图3-323）。乙挤甲捋与甲挤乙捋方法类同，只是甲、乙位置互换（图3-324）。以上完成一个定步四正右式双揉肘，可练若干遍。

图3-321

图3-322

图 3-323

图 3-324

⑤活步进三退三四正右式双揉肘：甲乙双方左式自然步站立，以右手前臂相搭，左手扶于对方右肘尖（图3-325），甲右手前臂按乙右手前臂，左掌按乙右肘，右脚向前迈一步成右弓步；乙以右前臂掤住甲双手，左手抚于甲肘部准备捋，同时左脚向后退一步成右半马步（图3-326）；甲再按乙，同时左脚进一步成左弓步，乙右脚后退一步成左半马步（图3-327）。甲按劲落空，左手附于右前臂向乙挤去，同时右脚上一步成右弓步，乙双手向下按左脚退一步成右半马步，下按使甲挤劲落空（图3-328）。以后乙进三、甲退三，完成一次进三退三四正右式双揉肘，可演练若干遍。

图3-325

图3-326

图 3-327

图 3-328

(2) **膝的练习**

①顶膝对练：甲乙双方左式独立步，右腿屈膝提起，膝关节相互接触（图3-329），甲挺腹，右膝向前顶，乙收腹，右膝向后缩（图3-330），乙挺腹，右膝向前顶，甲收腹，右膝向后缩（图3-331）。如此反复练习。

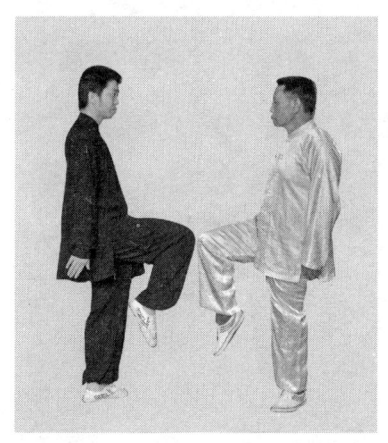

图 3-329

图 3-330

图 3-331

②摆膝对练：甲乙双方左式独立步，右腿屈膝提起，膝关节外侧面相互接触（图3-332）；甲身体向右转30°以右膝关节右摆攻击乙右膝，乙身体左转30°右膝关节向左化掉甲方来势（图3-333）；乙身体右转60°以右膝关节右摆攻击甲右膝，甲身体左转60°右膝关节向左化掉乙方来势（图3-334）。如此反复练习。

图3-332

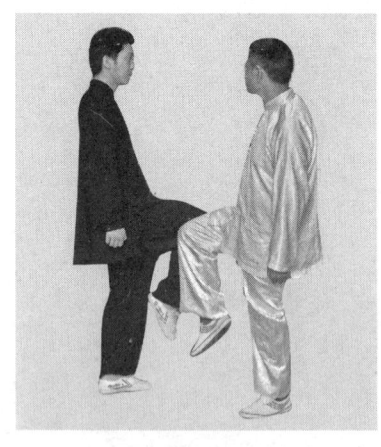

图3-333

图3-334

2. 刚性练习

(1) 肘的练习

①定步单式正顶肘对练：甲乙双方右式自然步站立，双方右格斗式站立（图3-335）；甲以右肘顶击乙胸部，乙方用右砸肘拦截（图3-336）；乙用右肘顶击甲胸部，甲方用左砸肘拦截（图3-337）。以上为单式正顶肘对练，如此反复练习。

图3-335

图3-336

图3-337

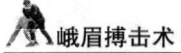

②定步交换手正顶肘对练：甲乙双方右自然步站立，甲用右肘顶击乙胸部，乙方用左砸肘拦截（图3-338），甲用左肘顶击乙胸部，乙方用右砸肘拦截（图3-339）；乙用右肘顶击甲胸部，甲方用左砸肘拦截（图3-340），乙用左肘顶击甲胸部，甲方用右砸肘拦截（图3-341）。以上为交换手正顶肘对练，如此反复练习。

图3-338

图3-339

第三章 峨眉搏击术套路与实战

图 3-340

图 3-341

③定步侧顶肘对练 A：甲乙双方侧身步站立，甲左脚在前，乙右脚在前（图 3-342）。甲用左肘攻击乙右肋，乙双手拦甲左肘（图 3-343）；乙用右肘攻击甲左肋，甲双手拦乙右肘（图 3-344）。如此反复练习。

图 3-342

图 3-343

图 3-344

④定步侧顶肘对练 B：甲乙双方侧身步站立，甲右脚在前，乙左脚在前（图 3-345）甲用右肘攻击乙左肋，乙双手拦甲右肘（图 3-346）；乙用左肘攻击甲右肋，甲双手拦乙左肘（图 3-347）。如此反复练习。

图 3-345

图 3-346

图 3-347

⑤进一退一挑肘对练：甲（穿白色衣服者）乙（穿黑色衣服者）双方平行步站立（图3-348），甲左脚上步成左弓步，以左肘挑击乙胸部，乙右脚退步躲过（图3-349）。乙（穿深色衣服者）右脚上步成右弓步，以右肘挑击甲胸部，甲（穿浅色衣服者）左脚退步躲过（图3-350）。如此反复练习。

图 3-348

图 3-349　　　　　　　　图 3-350

⑥闪身步扫肘对练：甲（穿深色衣服者）乙（穿浅色衣服者）双方左式自然步站立（图3-351），甲前倾用左肘扫击乙右侧部，乙左脚向左侧横跨闪身躲过（图3-352）；乙用左肘扫击甲右侧部，甲左脚向左侧横跨闪身躲过（图3-353）。如此反复练习，6次可旋转一个圆圈。

图 3-351

图 3-352

图 3-353

(2) **膝的练习**

①活步顶膝对练：甲乙双方右式自然步站立，甲（穿白衣服者）左脚上步并以右膝顶击乙（穿深色衣服者）腹部，乙退右脚双手护胸躲过（图 3-354）；乙右脚上步以左膝顶击甲腹部，甲退左脚双手护胸躲过（图 3-355）。如此反复练习。

图 3-354

图 3-355

②闪身步摆膝对练：甲乙双方平行步站立，甲左脚上步以右膝攻击乙右腰，乙左脚向左前方跨一步闪身避过（图3-356）；乙以右膝攻击甲右腰，甲左脚向左前方跨一步闪身避过（图3-357）。如此反复练习。

图3-356

图3-357

二、实战

1. 柔性实战

(1) 肘的实战用法

①立肘发劲左右式：甲（穿白衣服者）乙（穿黑衣服者）双方右式自然步左式双搭手（图3-358），乙双手推甲左前臂，甲左前臂掤住乙，身体后坐成左半马步，有采乙之意（图3-359），当乙推力落空双手回撤，身体后坐之时，甲扶乙左肘的右手轻轻上提，用右前臂贴住乙左前臂（图3-360），当乙继续回坐时，甲趁势用右肘攻击乙左前臂，将乙发出。（图3-361）

图3-358

图3-359

第三章 峨眉搏击术套路与实战

图 3-360

图 3-361

②横肘发劲左右式：甲乙双方右式自然步左式双搭手，乙双手推甲左前臂成右弓步，甲左臂掤住乙，身体后坐成左半马步，有采乙之意（图3-362），当乙推力落空双手回撤，身体后坐之时，甲扶乙左肘的右手轻轻上提，用右前臂贴住乙左前臂（图3-363），当乙继续回坐时，甲趁势用右肘横击乙左前臂，将乙发出。（图3-364）

图3-362

图3-363

图3-364

③左上采右横肘：甲乙双方右式自然步右式双搭手，乙用双手向上推甲右前臂，甲右臂掤住乙，并外转后坐，化掉乙劲，且上采乙（图3-365）；当乙用力过猛，有失重之危机时，甲右手轻轻向上滑，右前臂贴乙左前臂，用右肘发劲，将乙发出。（图3-366）

图3-365

图3-366

④进步肘推左、右式：甲乙双方右式自然步右式双搭手，乙双手推甲右前臂，甲后坐掤化，且右前臂外旋，身体后坐成右半马步（图3-367）；当乙按劲落空，回撤成右半马步时，甲趁势右手分开乙左手，左手分开乙右手，并以右肘靠乙胸部（图3-368）。甲右脚上步到乙裆前，身体贴近乙，用右肘推乙胸部将乙发出。（图3-369）

图3-367

图3-368

图3-369

⑤捋臂挒肘放摔：甲乙双方右式搭手，乙左手向甲胸部按来，甲身体左转，左手黏乙左手腕，右手扶按乙左肘使之前倾（图3-370）；甲右手变肘将乙发出。（图3-371）

图3-370

图3-371

(2) **膝的实战用法**

①顶膝前冲放摔：甲乙双方左式独立步，右腿屈膝膝关节相互接触（图3-372），乙挺腹右膝向前顶，甲收腹右膝向后缩（图3-373）；乙收腹右膝向后缩，甲乘势用正顶膝前冲将乙发出。（图3-374）

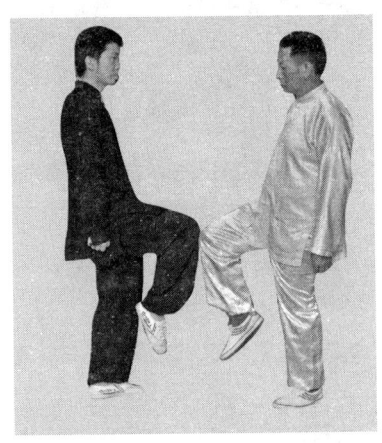

图3-372

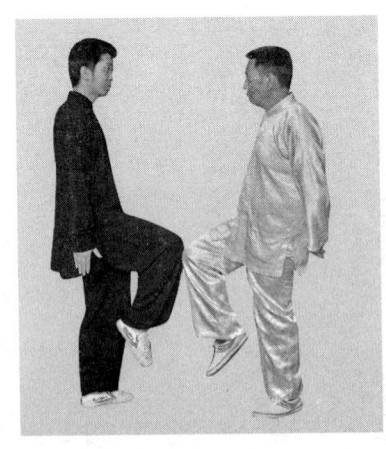

图3-373

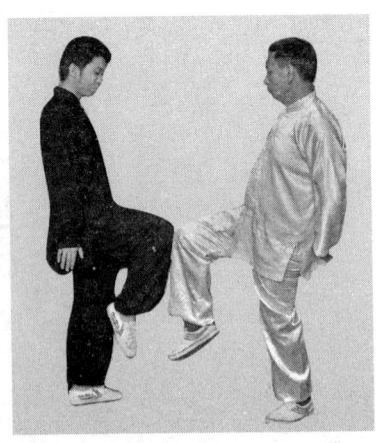

图3-374

第三章 峨眉搏击术套路与实战

②右摆膝放摔：甲乙双方左式独立步，右腿屈膝提起，膝关节外侧面相互接触（图3-375），乙身体向右转30°以右膝关节右摆攻击甲右膝，甲身体左转30°右膝关节左移化掉乙方来势（图3-376）；乙身体左转，收右膝，甲乘乙收右膝之时，身体右转，以右膝将乙发出。（图3-377）

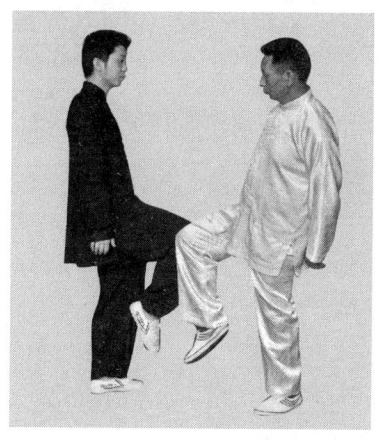

图3-375

图3-376

图3-377

2. 刚性实战

（1）肘的实战

①左正顶肘击胸、击头：甲乙双方左自然步左式单搭手，甲左滑步接近乙，同时用左肘顶击乙头部（图 3-378），乙后撤左步避过，甲右脚上步跟进乙，同时用左肘顶击乙胸部。（图 3-379）

图 3-378

图 3-379

②左右正顶肘连环击面：甲乙双方左式自然步站立，搭左手（图3-380）甲上右脚以左肘顶击乙面部（图3-381），乙向后撤步，甲右脚向前滑一步，用右肘顶击乙面部（图3-382）。

图3-380

图3-381

图3-382

③左侧顶肘击面,接左侧顶肘击腹:甲乙双方左式自然步站立,搭左手,甲向右侧身成马步并用左肘顶击乙面部(图3-383),乙左脚后退一步,甲右脚前进一步,同时用左肘顶攻击乙腹部(图3-384)。

图 3-383

图 3-384

④左抬肘击颔接右挑肘击胸：甲乙双方左式自然步站立（图 3-385），甲上左步接近乙，同时用左肘上挑乙下颌（图 3-386），乙左脚后退，甲右脚进步并用右肘攻击乙胸部。（图3-387）

图 3-385

图 3-386

图 3-387

⑤右砸肘击肩：甲乙双方左式自然步站立（图3-388），乙用左直拳击甲头部，甲头右闪身用左前臂格拦（图3-389），甲右脚向右前方上步，用左肘砸击乙肩部位。（图3-390）

图3-388

图3-389

图3-390

第三章 峨眉搏击术套路与实战

(2) **膝的实战用法**

①踢裆顶腹：甲乙双方平行步站立（图3-391），甲重心移于右脚，左脚向前弹踢乙裆部，乙弓身并以双手拦截（图3-392），甲左脚顺势向下落地，重心前移，双手向前抓住乙双肩往回拉带，同时右膝提起向前上方顶乙腹部。（图3-393）

图 3-391

图 3-392

图 3-393

②撞腹击裆：甲乙双方平行步站立，乙上右脚并以右拳向甲面部攻击，甲左前臂向右推挡（图3-394），甲重心移，同时用右膝向前上方撞击乙腹部，左拳击乙面部（图3-395），乙右脚后退并双手下按甲右膝（图3-396），甲上身稍后仰，顺势用右脚弹踢乙裆部。（图3-397）

图3-394

图3-395

第三章 峨眉搏击术套路与实战

图 3-396

图 3-397

③跺胫击头：甲乙双方平行步站立，乙以左拳击甲头部，甲上身稍后仰，速以左脚踢击乙前腿（图3-398），然后以右脚为轴身体左转，左手向前伸抓住乙头并向下按压，同时左腿屈膝向上、向左扫摆，撞击乙头左侧。（图3-399）

图3-398

图3-399

④撞臂跺喉：甲乙双方平行步站立，乙先用左手抓住甲胸襟（图3-400），甲迅速以右手抓住乙左腕猛下拉，重心移于左腿，右腿屈膝向上撞乙左臂肘部（图3-401），然后身体右转90°，上身左倾，右手向右下方拉带乙左手，同时右脚向前上方踢乙腹部。（图3-402）

图3-400

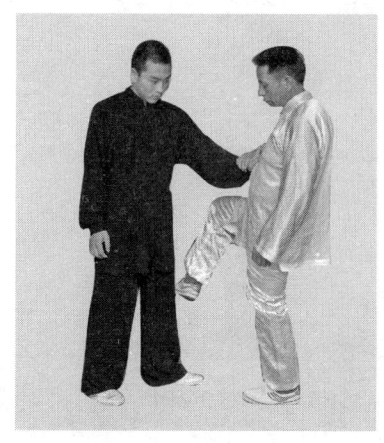

图3-401

图3-402

第六节　腿法刚柔术

一、套路

1. 柔性练习

（1）**直线攻击法**

①蹬腿空击：两脚开立成左预备式，左脚在前，右脚在后，腿微屈；左臂在前，右臂在后，手护喉面，低于视线，肘护胸肋（图3-403）；左脚前移半步后外展，右脚向正前方迅速蹬出，勾脚尖，脚跟领先，以脚跟或全脚为着力点，眼看攻击目标。（图3-404）

图 3-403

图 3-404

②蹬腿击沙袋：动作要领同上，但注意目标明确，垫步有力，双胯前送，身体前冲，上体稍后仰，整劲发放和抖劲施展要爆发快速，透劲十足。（图略）

③丁腿空击：左预备式站立，左脚前移半步后外展，上体稍后仰，右脚向前下方迅速踢出，勾脚尖，力达脚跟或全脚掌。（图3-405）

④丁腿击沙袋：动作要点同上，右脚上提和向前下方踢出高度协调，整劲与抖劲发放快速，爆发透劲十足。（图略）

⑤弹脚空击：左预备式站立，左脚前移半步后外展，上体稍后仰，右脚向前上方迅速弹出，绷紧脚面，力达脚尖，上体稍后仰，左腿微屈。（图3-406）

⑥弹腿击沙袋：左预备式站立，左脚前移半步后外展，上体稍后仰，右脚向前上方迅速弹出，绷紧脚面，力达脚尖，上体稍后仰，左腿微屈，弹击沙袋。（图略）

图 3-405

图 3-406

⑦侧踹空击：左预备式站立，左脚前移半步后外展，右腿屈膝向前上方踹击，力达全脚掌，上体稍后仰，向前送髋。（图3-407）

⑧侧踹腿击沙袋：动作要领同上。（图略）

⑨后踹空击：左预备式站立，左脚向前上步，以左脚为轴，身体右转180°，右腿屈膝向右后方踹出，身体微向前倾，脚跟用力，脚尖向下。（图3-408）

⑩后踹击沙袋：动作同后踹空击。（图略）

图3-407

图3-408

⑪铲腿空击：左预备式站立，左脚前移半步后外展，身体左转180°，出右脚斜向下方铲击，力达脚外沿。（图3-409）

⑫铲腿击打沙袋：动作要领同铲腿空击，但要注意近身转体灵活，目标明确，动作顺畅，发力充分，透劲十足。（图略）

⑬点腿空击：左预备式站立，动作要领同正蹬腿，但力点为脚尖。（图3-410）

⑭点腿打沙袋：动作要领同点腿空击，力达脚尖。（图略）

图3-409

图3-410

(2) 曲线攻击法

①前扫蹚腿空击：左预备式站立，左脚向前移半步后外展，以左脚掌为轴辗地，向左转头转体180°下蹲，以右脚尖贴地，由后向前扫击，力达脚面。（图3-411）

②后扫蹚腿空击：左预备式站立，左脚跟外展，向右转头转体180°同时下蹲，双手撑地助力，左脚以脚掌为轴辗地，右脚以前脚掌内侧贴地向右后扫击，力达脚跟。（图3-412）

图 3-411

图 3-412

③勾踢腿空击：左预备式站立，左脚前移半步后外展，右脚勾脚尖由后向左前方勾踢，力达脚面，头与上体稍左转。（图3-413）

④扫踢腿空击：左预备式站立，左脚前移半步后外展，向左转头转体近180°，右脚向前上方勾踢，力达脚面，眼看扫击的方向（图3-414）。

⑤扫踢腿击沙袋：动作要领同扫腿空击，反复练习体会整劲与鞭打劲的发放和透劲的作用。（图略）

图3-413

图3-414

⑥里合腿空击：左预备式站立，左脚前移半步后外展，向左转头转体90°，以后右脚由后向左前方踢击，力达脚底板。（图3-415）。

⑦里合腿击沙袋：动作要领同里合腿空击。（图略）

⑧外摆腿空击：左预备式站立，左脚向左横跨半步，右脚由后向左前上方再突然向右外摆，力达脚底板，眼看右脚摆击的方向（图3-416）。

⑨外摆腿击沙袋：动作要领同外摆腿空击。（图略）

图3-415

图3-416

⑩前撩腿空击：左预备式站立，左脚前移半步后外展，迅速出右脚向正前方撩击，绷紧脚面，力达脚尖和脚面，上体稍后仰（图3-417）。

⑪前撩腿击沙袋：动作要领同前撩腿空击。（图略）

⑫后撩腿空击：左预备式站立，左脚向后撤步，身体左转180°，身体前倾，右脚向后上方撩击，力达全脚掌，眼看撩击的方向。（图3-418）

⑬后撩腿击打沙袋：动作要领同后撩腿空击。（图略）

图3-417

图3-418

⑭侧掀腿空击：左预备式站立，左脚外展，以左脚掌为轴，身体左转180°，右脚由后向前上方掀击，力达脚外沿，上体稍侧倾，侧倾身角度越大，掀击越高，眼看掀击的方向。（图3-419）

⑮侧掀腿击沙袋：动作要领同侧掀腿空击。（图略）

⑯旋踢腿空击：左预备式站立，左脚脚跟外展，向右转头转体360°，以左脚掌为轴辗地，同时右脚向前上方旋踢一周到原来位置，力达脚底板，眼看攻击方向。（图3-420）

⑰旋踢腿击沙袋：动作要领同旋踢腿空击。（图略）

图3-419

图3-420

2. 刚性练习

（1）直线攻击腿法

①蹬腿对练：甲（男）、乙（女）双方左预备式站立，相距90厘米，左脚在前，右脚在后，腿微屈，左臂在前，右臂在后，手护喉面，低于视线，肘护胸肋（图3-421）；甲左脚外展，右腿向乙蹬出（图3-422），乙退左脚避开，甲右脚落于乙左脚前方，乙右脚外展，左腿向甲蹬出（图3-423），甲退右脚避过。以后乙落脚，甲乙双方回到左预备式状态。

图 3-421

图 3-422

图 3-423

②丁脚对练：甲、乙双方左预备式站立，甲左脚外展，右脚向乙左脚胫骨迅速踢击（图3-424），乙退左脚避开，甲右脚落于乙左脚前，乙右脚外展，左脚向甲右腿胫骨迅速踢击（图3-425），甲退右脚避过。以后乙落脚，甲乙双方回到左预备式状态。

图3-424

图3-425

③弹腿对练：甲、乙双方左预备式站立，甲左脚外展，右腿向乙面部迅速弹踢（图3-426），乙退左脚避开，甲右脚落于乙左脚前方，乙右脚外展，左腿向甲面部迅速弹踢（图3-427），甲退右脚避过。以后乙落脚，甲乙双方回到左预备式状态。

图 3-426

图 3-427

④前踹腿对练：甲、乙双方左预备式站立，甲左脚外展，迅速以右腿踹击乙下颌（图3-428），乙退左脚避开，甲右脚落于乙左脚前方，乙右脚外展，左腿踹击甲下颌（图3-429），甲退右脚避过。以后乙落脚，甲乙双方回到左预备式状态。

图3-428

图3-429

⑤侧踹腿对练：甲、乙双方左预备式站立，甲左脚外展，向左转体180°，右腿踹击乙左胸部（图3-430），乙退左脚避开，甲右脚落于乙左脚前方，乙右脚外展，向右转体180°，左腿踹击甲右胸部（图3-431），甲退右脚避过。以后乙落脚，甲乙双方回到左预备式状态。

图 3-430

图 3-431

⑥后踹腿对练：甲、乙双方左预备式站立，甲左脚外展，向左转体超过180°，右腿屈膝向右后方踹击乙胸部（图3-432），乙退左脚避开，甲右脚落于乙左脚前方，乙右脚外展，向右转体超过180°，左腿屈膝向左后方踹击甲胸部（图3-433），甲退右脚避过。以后乙落脚，甲乙双方回到左预备式状态。

图3-432

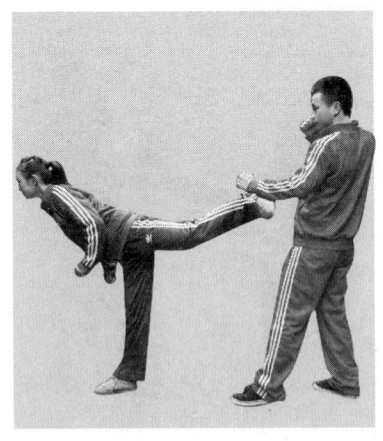

图3-433

⑦铲腿对练：甲、乙双方左预备式站立，甲左脚外展，向左转体180°，右脚向下铲击乙右腿胫骨（图3-434），乙退左脚避开，甲右脚落于乙左脚前方，乙右脚外展，向右转体180°，左脚向下铲击甲左腿胫骨（图3-435），甲退右脚避过。以后乙落脚，甲乙双方回到左预备式状态。

图3-434

图3-435

⑧点脚对练：甲、乙双方左预备式站立，甲左脚外展，向左转体180°，以右脚尖点击乙下颌（图3-436），乙退左脚避开，甲右脚落于乙左脚前方，乙右脚外展，向右转体180°，以左脚尖点击甲下颌（图3-437），甲退右脚避过。以后乙落脚，甲乙双方回到左预备式状态。

图3-436

图3-437

（2）曲线攻击腿法

①前扫蹚腿对练：甲、乙双方左预备式站立，相距90厘米，左脚在前，右脚在后，腿微屈，左臂在前，右臂在后，手护喉面，低于视线，肘护胸肋（图3-438）；甲左脚外展，以右前扫蹚腿攻击乙左腿（图3-439），乙退左脚避开，甲身体直立右脚落于乙左脚前方，乙右脚外展，以左前扫蹚腿攻击甲右腿（图3-440），甲退右脚避过。以后乙落脚起身，甲乙双方回到左预备式状态。

图3-438

图3-439

图3-440

②后扫蹬腿对练：甲、乙双方左预备式站立，甲左脚外展，身体右转180°同时下蹲，双手撑地助力，以左脚掌为轴，右脚以前脚掌内侧贴地向右后扫击乙左脚（图3-441），乙退左脚避开，甲身体直立，右脚落于乙左脚前，乙右脚外展，身体左转180°同时下蹲，双手撑地助力，以右脚掌为轴，左脚以前脚掌内侧贴地向左后扫击甲右脚（图3-442）。甲退右脚避过。以后乙落脚起身，甲乙双方回到左预备式状态。

图3-441

图3-442

③勾踢腿对练：甲、乙双方左预备式，甲左脚外展，右腿屈膝勾踢乙左腿（图3-443），乙退左脚避开，甲身体直立右脚落于乙左脚前方，乙右脚外展，左腿屈膝勾踢甲右腿（图3-444），甲退右脚避过。以后乙落脚起身，甲乙双方回到左预备式。

图 3-443

图 3-444

④扫踢腿对练：甲、乙双方左预备式站立，甲左脚外展，向左转头转体近180°，右脚由后向乙头面部扫踢（图3-445），乙退右脚避开，甲身体直立，右脚落于左脚前方，乙右脚外展，向右转头转体近180°，左脚由后向甲头面部扫踢（图3-446），甲退右脚避过。以后乙落脚起身，甲乙双方回到左预备式状态。

图3-445

图3-446

⑤里合腿对练：甲、乙双方左预备式站立，甲左脚外展，向左转头转体90°，右脚由后向左前上方摆击乙胸部（图3-447），乙退左脚避开，甲身体直立，右脚落于左脚前方，乙右脚外展，向右转头转体近90°，左脚由后向右前上方摆击甲胸部（图3-448），甲退右脚避过。以后乙落脚起身，甲乙双方回到左预备式状态。

图3-447

图3-448

⑥外摆腿对练：甲、乙双方左预备式站立，甲左脚向左横跨半步，右脚由后先向左前上方再突然向右摆击乙头面部（图3-449），乙退右脚避开，甲身体直立，右脚落于左脚前方，乙右脚向右横跨半步，左脚由后先向右前上方再突然向左摆击甲头面部（图3-450），甲退右脚避过。以后乙落脚起身，甲乙双方回到左预备式状态。

图 3-449

图 3-450

⑦前撩腿对练：甲、乙双方左预备式站立，甲左脚外展，迅速以右腿向正前上方撩击乙下颌（图3-451），乙退右脚避开，甲身体直立，右脚落于左脚前方，乙右脚外展，迅速以左腿向正前上方撩击甲下颌（图3-452）。甲退右脚避过。以后乙落脚起身，甲乙双方回到左预备式状态。

图 3-451

图 3-452

⑧后撩腿对练：甲、乙双方左预备式站立，甲左脚向后撤步并左转体180°，以右腿向后上方撩击乙腹部（图3-453），乙退右脚避开，甲身体直立，右脚落于左脚前方，乙右脚向后撤步并右转180°，以左脚向后上方撩击甲腹部（图3-454），甲退右脚避过。以后乙落脚起身，甲乙双方回到左预备式状态。

图3-453

图3-454

⑨侧掀腿对练：甲、乙双方左预备式站立，甲以左脚为轴，向左转体180°，右腿由后向前上方掀击乙右臂，力达脚外沿，上体稍侧倾（图3-455），乙退右脚避开，甲身体直立，右脚落于左脚前方，乙以右脚为轴，向右转体180°，左腿向后上方撩击甲左臂，侧倾角度越大，掀击越高，眼看掀击的方向（图3-456），甲退右脚避过。以后乙落脚起身，甲乙双方回到左预备式状态。

图3-455

图3-456

⑩旋踢腿对练：甲、乙双方左预备式站立，甲左脚外展，向右转体转头360°，以左脚掌为轴辗地，同时右腿由后向前上方旋踢乙头面部（图3-457），旋一周后甲右脚落于左脚前方，乙退右脚避开，甲身体直立，右脚落于左脚前方，乙右脚外展，向左转体转头360°，以右脚掌为轴辗地，同时左腿由后向前上方旋踢甲头面部（图3-458），旋一周后乙落脚，甲退右脚避过。以后甲乙双方回到左预备式状态。

图3-457

图3-458

二、实战

1. 进攻型踹腿

①踹膝法：甲、乙双方左预备式站立，相距 90 厘米，左脚在前，右脚在后，腿微屈，左臂在前，右臂在后，手护喉面，低于视线，肘护胸肋（图 3-459）；甲右脚前滑上步，快速以左右直拳连续攻击乙面，迫使乙后退仅顾及面部而下盘空虚（图 3-460）；甲右腿踹击乙前腿的膝关节或胫骨。（图 3-461）

图 3-459

图 3-460

图 3-461

②踹腹法：甲、乙双方左预备式站立，甲右脚前滑上步，快速以右直拳攻击乙头部，迫使乙后退抬左前臂格拦甲右拳（图3-462），甲左脚垫步，右脚提膝向乙腹部踹击（图3-463），以惊上取下之法攻击对方。

图3-462

图3-463

2. 防守型踹腿

①阻击踹腹：甲、乙双方左预备式站立，乙突然向左前滑步进身并用右直拳攻击甲头部，甲在乙刚启动时迅速提左膝，左手格拦（图3-464）；在乙将起腿时，甲左腿朝前踢出（图3-465），使乙撞在甲左腿上无法起腿。

图3-464

图3-465

②败步踹喉：甲、乙双方左预备式站立，乙突然向左前滑步进身并用右直拳攻击甲头部，甲速向后滑步，左手拦乙来拳，左脚向右侧沉身避过（图3-466），待乙欲第二次攻击瞬间，甲左腿提膝向乙腹部踹击，阻止乙进攻（图3-467）；然后迅速落步，右脚垫步，左腿再度提起向乙胸部或咽喉踹击。（图3-468）

图3-466

图3-467

图3-468

3. 进攻型鞭腿

①前鞭腿击肋：甲、乙双方左预备式站立，甲右插步进身，左腿屈膝朝乙胸部进攻（图 3-469），给乙一个错觉，甲右脚着地再起左腿横向鞭击乙右胁肋。（图 3-470）

图 3-469

图 3-470

②引腿鞭击肋：甲、乙双方左预备式站立，甲左脚前进一步，右低弹腿踢乙下盘（图3-471），当乙收步沉身防守的瞬间，甲用右鞭腿踢击乙肋部。（图3-472）

图3-471

图3-472

第三章 峨眉搏击术套路与实战

4. 防守型鞭腿

①左闪身击肋：甲、乙双方左预备式站立，乙左脚前滑并用右直拳攻击甲面部（图3-473），甲左脚向左侧跨步避过，以右鞭腿猛击乙右大腿（图3-474），踢中后迅速落脚，再起左鞭腿踢击乙左肋。（图3-475）

图 3-473

图 3-474

图 3-475

②右闪身击腰：甲、乙双方左预备式站立，乙右脚虚踢，左脚向前滑步并以左直拳击甲面部，甲右脚向右跨步闪身避开来拳（图 3-476），再向左旋转体并起右鞭腿踢击乙后腰。（图 3-477）

图 3-476

图 3-477

5. 防腿反击法

①拍脚蹬颈：甲乙双方平行步站立，相距80厘米，成格斗姿势（图3-478）；乙起右脚向甲裆部弹踢，甲身体左转并屈膝下蹲，右拳变掌拍压乙右脚背（图3-479）；而后甲起右脚侧踹乙颈部（图3-480）

图 3-478

图 3-479

图 3-480

②挂腿插裆击腹：甲、乙双方左预备式站立，乙起右脚侧踢甲左肋，甲左手向下挡挂乙腿（图 3-481），右拳猛击乙裆部（图 3-482）；趁乙疼痛时，甲右脚上步，右前臂屈肘猛击乙胸部。（图 3-483）

图 3-481

图 3-482

图 3-483

6. 绝杀穿心腿

①右弹脚变穿心腿：甲、乙双方左预备式站立，甲右腿向乙裆部弹踢（图3-484），乙后撤步避过，甲迅速收右腿（图3-485），变换成右侧踹腿踹击乙心窝。（图3-486）

图 3-484

图 3-485

图 3-486

②右鞭腿变穿心腿：甲、乙双方左预备式站立，甲用右鞭腿向乙头部左侧踢击，乙后摆头避过（图3-487），甲收回右脚（图3-488），然后转变成右侧踹腿攻击乙心窝。（图3-489）

图 3-487

图 3-488

图 3-489

③右直拳接穿心腿：甲、乙双方左预备式站立，乙用右直拳向甲头部攻击，甲用左前臂挡开乙右拳（图3-490），同时用右拳攻击乙面部（图3-491），接着用右蹬腿蹬击乙心窝。（图3-492）

图3-490

图3-491

图3-492

7. 其他腿法

①蹬腿击腹：甲、乙双方左预备式站立，乙右拳攻击甲面部，甲上体稍后仰，右脚向上快速蹬出，脚跟领先，以脚掌攻击乙腹部。（图3-493）

②丁脚击胫骨：甲、乙双方左预备式站立，乙右拳攻击甲面部，甲左手刁腕，同时出右丁脚击乙左腿胫骨。（图3-494）

图 3-493

图 3-494

第七节　摔法刚柔术

一、套路

1. 柔性练习

①栽碑训练：两手握拳，两臂屈肘于胸前，拳心向里，身体挺直（图3-495），两脚跟提起，向前倾倒，平直倾倒于地，用两前臂外侧俯撑于地，两脚尖撑地（图3-496）。为了加快前倾的速度，双脚跟提起后撤，随即向前倒地。

图3-495

图3-496

②后仰跌训练：两手握拳，两臂屈肘于胸前，拳心向里，身体挺直，左脚向前抬起，脚面绷平，下颌回收，目视腹部（图3-497）；上体向后倒跌，以背部着地，左脚向前撑直，右脚掌支撑地面，两臂紧夹于肋部。（图3-498）

图 3-497

图 3-498

③倒跌扑训练：双脚并拢立正式站立，同时右掌和左掌摆至身体右侧，右脚向左侧踢出，脚尖绷平，身体向右侧倾倒（图3-499），身体左转90°，两手心向下扶地，右腿屈膝支撑身体，身体悬空离地，目视左手。（图3-500）

图3-499

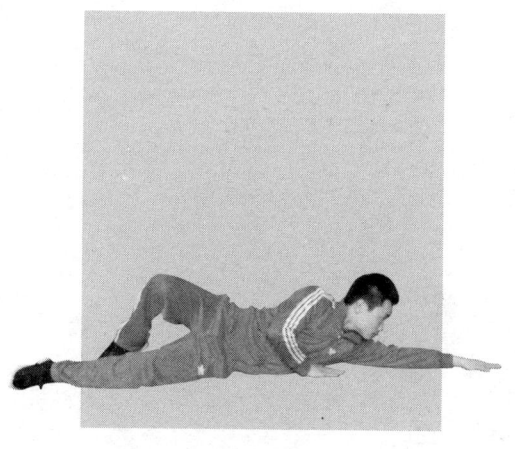

图3-500

④盘腿跌训练：双脚并拢立正式站立，右脚向左前上步，随即起跳，左脚蹬地向左上方摆起，使身体在空中成侧卧姿势（图 3-501），随即以整个身体的右侧落地。（图 3-502）

图 3-501

图 3-502

⑤跌扑训练：双脚并拢立正式站立，两膝弯曲，两臂向身后摆起（图3-503），重心前移，两脚蹬地向前鱼跃跳出，两手先触地（图3-504），以后过渡到胸、腹、大腿、膝、脚着地，脚面要绷直。（图3-505）

注：初学者要在垫子或松软的地面上练习。

图 3-503

图 3-504

图 3-505

⑥前滚翻训练：两腿屈膝全蹲，上体前俯，两手扶地（图3-506），两脚蹬地，低头团身，以头、肩、背、臀依次向前滚翻，两脚落地起立。（图3-507）

注：初学者要在垫子或松软的地面上练习。

图 3-506

图 3-507

⑦后滚翻训练：两腿并拢屈膝全蹲（图 3-508），身体后仰，以臀、背、肩、头依次着地，随即两脚落地起立。（图 3-509）

图 3-508

图 3-509

⑧抢背训练：双脚并拢立正式站立，右脚向前上步，左臂架在头上，右臂下垂在体前侧（图 3-510），右脚蹬地，以右手、左手、后脑、右肩、背、臀、脚依次落地滚翻（图 3-511），当脚落地后迅速起立。

注：左右脚交替练习。

图 3-510

图 3-511

⑨侧手翻训练：双脚并拢立正式站立，左脚向前上一步，上体向前侧倾倒，左手先扶地，右腿顺势向上摆起，左脚蹬地向上摆起（图 3-512），右手在左手前撑地，先右脚后左脚依次落地。

第三章 峨眉搏击术套路与实战

⑩扶侧空翻：双脚并拢立正式站立，助手扶住练习者腰部，练习者做侧空翻，助手的左手随其蹬地而用力上托，助其腾起，帮助其顺利侧空翻。（图3-513、图3-514）

图 3-512

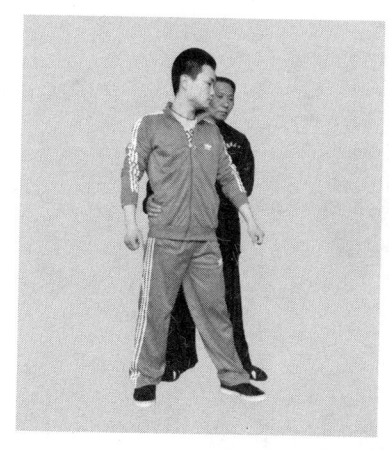

图 3-513

图 3-514

⑪侧空翻：双脚并拢立正式站立，左脚向前上半步，右脚也迅速上一步并垫步跳起，两手臂由两侧向前胸摆动，上体前倾，右腿迅速向后上方蹬跳摆起，左脚顺势蹬地，头朝下(图3-515)；右脚、左脚依次落地（图3-516），反复练习。

图 3-515

图 3-516

⑫地趟动作训练：双脚并拢立正式站立，仰卧于地，两腿并拢向头顶上举，脚尖绷直，两手用力推腿（图3-517）；两腿迅速向前下摆压，两脚着地，同时向前上昂头，挺胸、挺腹，身体成反弓型站起，两手自然垂落于体侧。（图3-518）

注：初学者可以从高坡上向下练习，也可让助手推肩后部练习。

图3-517

图3-518

2. 刚性练习

①切肩冲摔对练：甲、乙双方左预备式站立，相距90厘米，左脚在前，右脚在后，腿微屈，左臂在前，右臂在后，手护喉面，低于视线，肘护胸肋（图3-519）；乙（穿浅色衣服者）以右拳（拳心朝下）攻击甲（穿深色衣服者）面部，甲立即向左前方闪躲，上体稍向前俯，使乙右冲拳从右肩上穿过落空（图3-520），甲左脚上步，左手向下反手勾拿乙右脚踝上

提，右手向前推击乙胸部，利用上推下抬之合力把乙摔倒（图3-521）。以后甲、乙位置互换，完成乙切肩冲摔动作。如此反复练习。

图 3-519

图 3-520

图 3-521

②插步别摔对练：甲、乙双方左预备式站立，乙进左脚用左冲拳攻击甲面部，甲迅速以右前臂格挡来拳，同时，右脚由后勾踢乙左腿后部（图3-522），甲右脚向乙左腿后插步落地，左手随之抓握其左腕；同时，右臂由乙左臂下穿出，然后向后直臂横摆，迫使乙向后仰倾倒（图3-523）。以后甲、乙位置互换，完成乙插步别摔动作。如此反复练习。

图3-522

图3-523

③抱腿绊摔对练：甲、乙双方左预备式站立，当乙用右鞭腿踢甲左侧时（图3-524），甲左脚随即向前进步；同时，左手由下经其腿内侧向上绕行后抱住乙的右腿（图3-525），甲左手抱脚上抬，右脚迅速提起向乙左脚后插步；同时，以右掌前推乙左臂，右脚后绊之合力把乙摔倒（图3-526）。以后甲、乙位置互换，完成乙抱脚绊摔动作。

图3-524

图3-525

图3-526

④勾踢摔对练：甲、乙双方左预备式站立，乙用右拳攻击甲面部，甲迅速用右前臂向左格挡，以右脚勾踢乙左脚跟（图3-527），甲右脚向前下方落步的同时，左臂屈肘握拳向右侧横击乙胸部或面部，使其向后摔倒（图略）。以后甲、乙位置互换，完成勾踢摔动作。

⑤挟头摔对练：甲、乙双方左预备式站立，乙用右拳攻击甲面部，甲迅速用左前臂向左格挡防守（图3-528），左手抓握乙右手腕，右臂屈肘夹其颈部（图3-529）；同时，甲以左手反拧回拉，右臂夹颈下压，用向左拧腰转体之合力把乙摔倒（图3-530）。以后甲、乙位置互换，完成挟头摔的动作。

图 3-527

图 3-528

图 3-529

图 3-530

⑥抱腰摔对练：甲、乙双方左预备式站立，乙用右拳攻击甲面部，甲迅速用左前臂向左格挡防守（图3-531），左手抓握乙右腕；同时，右手绕背抱腰，右脚进步，身体左转，臀部贴靠乙腹部，甲以左手抓腕反拧回拉，右臂抱腰横摆，拧腰转体之合力把乙摔倒（图3-532）。以后甲、乙位置互换，完成乙抱腰摔的动作。

图 3-531

图 3-532

⑦抱腿顶摔对练：甲、乙双方左预备式站立，乙用右拳攻击甲面部，甲上体迅速向左下方躲闪，左脚随即向左前进步；同时，两臂屈肘搂抱其右腿，使其冲拳落空（图3-533），甲两手继续上提使乙右脚离地；同时，以右肩前顶乙腹部，

253

身体向左转体的力量把乙摔倒（图略）。以后甲、乙位置互换，完成抱腿顶摔的动作。

⑧挡抓别摔对练：甲、乙双方左预备式站立，乙上右脚用右拳攻击甲腹部，甲迅速用左手向左挡抓其右手腕（图3-534），右脚迅速朝其右腿外侧插步；同时，右手由其右臂下前伸插入乙腰胯后部，以左手抓手腕反拧回拉，右脚后绊，右手后别，向左拧腰转体之合力把乙摔倒（图3-535）。以后甲、乙位置互换，完成挡抓别摔的动作。

图3-533

图3-534

图3-535

二、实战

1. 柔性实战

①捋化进身肘靠：甲（穿白衣者）乙（穿黑衣者）双方右式自然步站立，搭右手，左手扶对方右肘（图3-536），乙上左脚双掌推甲右前臂，甲退右脚，向右捋乙右前臂（图3-537）；乙身体未稳，甲边捋边向右转腰，用左肘左肩将乙靠击摔倒。（图3-538）

图3-536

图3-537

图3-538

②横捋采挒摔：甲乙双方右式自然步站立，搭右手，左手贴对方右肘部（图 3-539），甲右手向右捋乙右手臂，左手向上托乙右肘（图 3-540），双手控制乙右前臂产生扭力，向前、向右发劲将乙挒摔出去。（图 3-541）

图 3-539

图 3-540

图 3-541

③采肩按肩胛摔：甲乙双方右式搭手，乙用右掌向甲胸部推按，甲右手屈肘从内侧抬起，以手腕贴乙右手腕内侧，顺乙来劲向左后引化，左手外旋翻掌前伸，从乙右腋下穿过屈指上抬，控制住乙（图 3-542），甲右脚回撤成右虚步，右手推按乙右手腕，左手采乙右肩向右后回采，乙有前倾之感（图3-543），乙回挣以调整平衡，甲借乙之抗劲，右手揉乙右手腕，左手按乙右肩胛，甲双手发劲将乙摔倒（图略）。

图 3-542

图 3-543

④采肩挤胸摔：甲乙双方右式双搭手，乙用右手向甲胸部按来，甲顺乙按劲以左掌贴乙右前臂外侧向左后引化，右手从乙右腋外侧下方前伸并上托，采乙右前臂（图3-544），乙重心前移，甲借此机会，右臂继续前穿并上托，以断乙之根，甲左前臂向前挤靠乙胸，将乙摔倒。（图3-545）

图3-544

图3-545

⑤松右侧旋摔：甲乙双方平行步站立，乙双手略固甲双肩（图3-546），甲两手外撑乙双臂并向前顶，乙产生抗劲，甲突然放松左侧，左手向左挂乙右臂，右手向左横向旋打乙左臂部，将乙向左前摔倒。（图3-547）

图3-546

图3-547

⑥双进手右旋摔：甲乙双方右式双搭手，乙突然两手从甲两腋穿过，向上挑甲两腋，略使甲两脚离地（图 3-548）；甲突然放松两肩，身体右转；同时，左臂向右横打，使乙向左侧摔倒。（图 3-549）

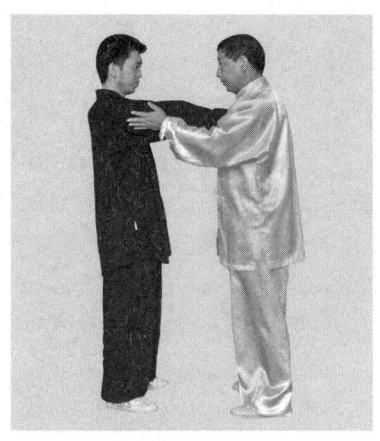

图 3-548

图 3-549

⑦大将穿裆靠摔：甲乙双方平行步站立，双方右式双搭手，乙双手向下采甲右臂，身体右转45°，甲被牵动右脚向左上一步，左脚再上一步（图3-550），乙双手继续下采甲右臂，右脚向右跨一步成马步，甲顺势上右脚落于乙裆下，右臂贴乙胸，左手扶乙右手腕，将乙向右靠出。（图3-551）

图3-550

图3-551

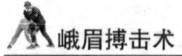峨眉搏击术

⑧进步背折靠：甲乙双方左式站立，双方双搭手，乙化掉甲掤劲顺势下按甲右臂（图3-552），甲趁势右脚前伸插入乙裆部成马步，并用右肩靠击乙腹部，使乙站立不稳（图3-553），甲右臂、肘向左发劲，使乙摔倒。

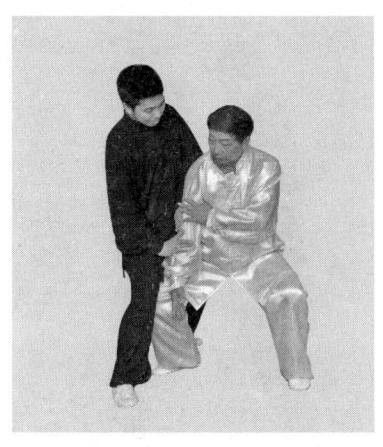

图3-552

图3-553

⑨双分右靠摔：甲乙双方平行步站立，双方右式双搭手，乙双手向甲两臂按来，甲两前臂黏住乙两臂由内向上、向外分化，并向后引乙两臂，使乙有前倾感（图3-554）；当乙向后抽身以调整身体重心时，甲借乙抽身之机，顺势右脚跟进半步，用右掌靠击乙胸，使乙摔倒。（图3-555）

图3-554

图3-555

⑩大将梅花靠摔：甲乙双方平行步站立，双方右式搭手，乙退右脚双手采甲右臂，甲被牵动左脚向前上一小步成左自然步，乙双手继续采甲右臂，甲顺势右脚上前一步，落于左脚后面成右自然步，右上臂横摆在乙胸前（图3-556），左手抚于右上臂弯部，用腰劲向后靠击，将乙靠摔倒地。（图3-557）

图 3-556

图 3-557

2. 刚性实战

(1) 一般摔法

①倒拨摔：甲乙双方预备式站立（图 3-558），乙跟步并用右拳朝甲面部击来，甲低身抬左臂架托乙右前臂（图 3-559），甲右脚进步右手下捞托其裆下，五指紧扣臀后部，左手旋腕扣抓右手腕部，低头前穿并用右肩抵住乙右肋部（图 3-560）；甲左手拉右手抬，将乙扛离地面（图 3-561），并迅速将乙摔倒。

图 3-558

图 3-559

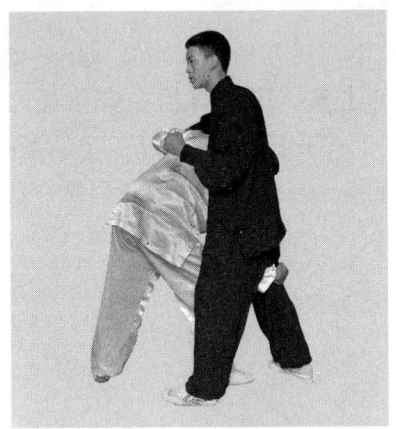

图 3-560

图 3-561

②拦腰斩摔：甲乙双方预备式站立，乙左脚向前移步，右脚跟步，右拳向甲面部击来，甲迅速向左闪步偏身避过，并以右手格截乙的右肘外侧，以防乙反臂拳再击（图3-562）；甲右脚向前拦乙右脚，借乙前冲之劲势，右手滑至乙后腰，随之上体猛向右旋转发力，将乙拦腰挡出。（图3-563）

图3-562

图3-563

③别脚靠摔：甲乙双方预备式站立，乙上右脚用右拳击打甲面部，甲身体略向上升，左手向内挂拦乙右腕（图3-564），右手上抬虚晃，右脚上前绊乙右脚后侧，身体向左旋转，右掌下落推击乙胸，抖腕震力向左用力推，致其仰跌。（图3-565）

图3-564

图3-565

④倒银瓶摔：甲乙双方预备式站立，乙右脚上步右拳击甲面部，甲上体略后移，左前臂内裹格乙右腕（图 3-566），乙欲收右拳，甲左手托乙左前臂上举（图 3-567），甲右手下搂乙右膝，身体向前上伸拔，右手搂住其右腿向上提抱夹于右腋下，左手推按其右胸部致乙仰跌（图略）。

图 3-566

图 3-567

⑤揽双根摔：甲乙双方预备式站立，乙右脚上步右拳击甲面部，甲俯身避其锋芒，双手看准乙右臂猛然上托前推（图3-568），乙欲退身，甲右脚迅速上步，身体下潜贴近乙体，双手搂抱其大腿后侧，用肩贴乙腹部（图3-569），双手下滑抱住其小腿猛烈上提，上体前推猛然起身，将乙掀翻倒地（图略）。

图 3-568

图 3-569

⑥甩包袱摔：甲乙双方预备式站立，乙右脚上步右拳击甲面部，甲见势略一沉身，双手向上托架乙右前臂（图 3-570），乙有收力出现，甲左脚迅速向乙左侧跨步，身体右转成背身势（图 3-571），甲双手拿住乙右腕将其手臂担于左肩上，双手猛拉，上体使劲向右旋转，左臀部后拱合力将乙旋摔倒地（图略）。

图 3-570

图 3-571

⑦切肩冲摔：甲乙双方预备式站立，乙用右拳击甲面部，甲左脚立即向左前方上步；同时，身体向左侧闪躲，上体稍向前俯，用左拳格挡（图3-572），右肩顺其右臂向前冲顶乙右胸，右前臂向前切压乙左胸，左手搬拉乙胯部，迫使乙上体后仰，以右臂下切，左手搬拉之合力把乙摔倒。（图3-573）

图3-572

图3-573

⑧抱脚绊摔：甲乙双方预备式站立，乙用右脚踢甲左侧（图 3-574），甲左脚向前上步，左手抱住乙右脚并以右拳击乙面部（图 3-575），左手抱右腿上抬，右脚提起向乙左脚后面插步；同时，右拳变掌前推，右脚后绊之合力把乙摔倒。（图 3-576）

图 3-574

图 3-575

图 3-576

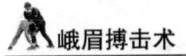

⑨勾踢击摔：甲乙双方预备式站立，乙（穿浅色衣服者）用左拳击甲（穿深色衣服者）面部，甲迅速用右掌向左拍推乙左腕，以右脚勾踢乙左脚跟（图3-577），右脚向乙左脚后落步，左臂屈肘握拳向右侧横击乙面部，使其向后摔倒。（图3-578）

图3-577

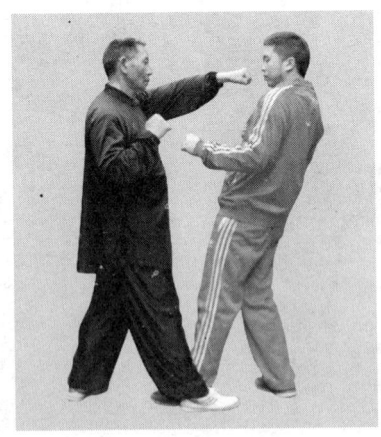

图3-578

⑩挟头摔：甲乙双方左格斗式站立。乙用右拳击甲面部，甲迅速用左前臂向左格挡防守（图3-579），甲左手握乙右腕，右臂屈肘挟乙颈部，右脚进步，身体左转，以臀部撞击乙小腹（图3-580），用左手抓握反拧回拉，右臂挟颈下压，向左拧腰转体之合力将乙摔倒。（图3-581）

图3-579

图3-580

图3-581

(2) **接腿摔法**

①接腿别摔：甲乙双方预备式站立，乙用右腿蹬击甲上体，甲将其腿接住（图3-582），左脚迅速向后撤步（图3-583），右脚也随左脚后撤；同时，身体向左猛旋压，以向后拉带及向左靠压之合力，将乙摔倒。（图3-584）

图 3-582

图 3-583

图 3-584

②接腿踢摔：甲乙双方预备式站立，乙用左鞭腿攻击甲，甲将其左腿接住（图 3-585），然后迅速滑步向前并用右脚勾踢乙右小腿，将乙摔倒。（图 3-586）

图 3-585

图 3-586

③接腿涮摔：甲乙双方预备式站立，乙用左弹腿攻击甲，甲接腿并抱住乙左脚（图 3-587），左脚向后撤一步，将乙腿向下拉压，然后突然向左上方推送，使乙失去平衡摔倒。（图 3-588）

图 3-587

图 3-588

④接腿背摔：甲乙双方预备式站立，乙右弹腿攻击甲上体，甲接住乙腿（图3-589），甲迅速转身下蹲，将乙右腿扛在右肩上（图3-590），然后上体前倾，顶肩、蹶臀、拉腿，将乙从肩上扛摔过去。

图 3-589

图 3-590

⑤接腿压摔：甲乙双方预备式站立，乙用右弹腿攻击甲上体，甲接腿并抱住乙右腿（图 3-591），然后用力后拉和用右肩下压之合力将乙摔倒。（图 3-592）

图 3-591

图 3-592

第八节　拿法刚柔术

一、套路

1. 柔性练习

（1）手型练习

①抓：五指张开，第一、二指节弯曲，主要用于抓握对方。（图 3-593）

②拿：四指紧靠，第一、二指节卷曲，与拇指相对，掌心中空，主要用于擒拿对方的关节。（图 3-594）

图 3-593

图 3-594

③扣腕：主要是腕关节向尺侧用力扣紧。（图 3-595）

④扣指：拇指与食指对合用力，用于扣拿对方手指。（图 3-596）

图 3-595

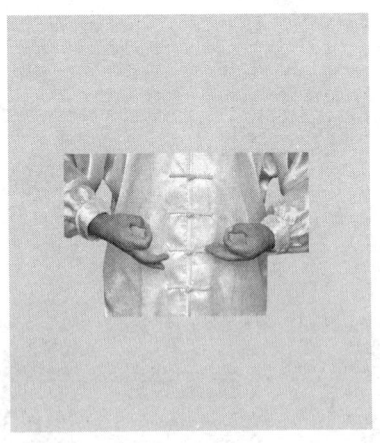

图 3-596

⑤卷：主要以掌根为中心，五指头以小指领先，依次向掌根处曲卷用劲（图3-597）。使用螺旋劲，擒拿中常用的手法。

⑥托：屈肘顶腕、掌心向上（图3-598），常用于托拿对方肘关节。

图3-597

图3-598

⑦反穿：沉肘，臂外旋，以掌根为中心，小指领先，五指依次向掌根处曲卷。（图 3-599）

⑧十字手曲卷：两手成十字交叉，两手腕相贴，两手向内曲卷。（图 3-600）

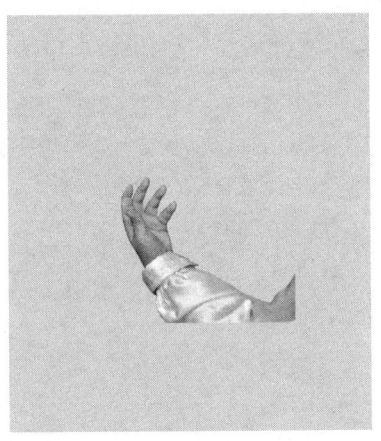

图 3-599

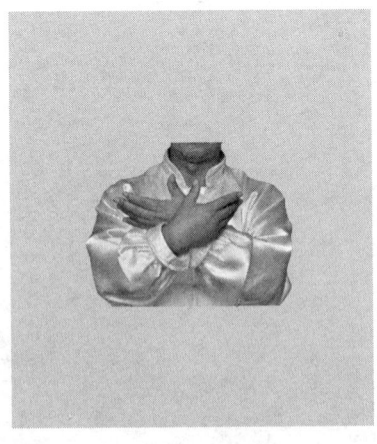

图 3-600

(2) **双人练习**

①沉腕反别：甲（穿白色衣服者）乙（穿黑色衣服者）双方平行步相对站立，距离90厘米（图3-601），甲乙双方上右脚，相互伸手相握（图3-602），甲在乙犹豫不定时，以虎口卡住乙大拇指，按住乙拇指根节（图3-603），以食指别压乙拇指梢，乙因疼痛而下蹲。（图3-604）

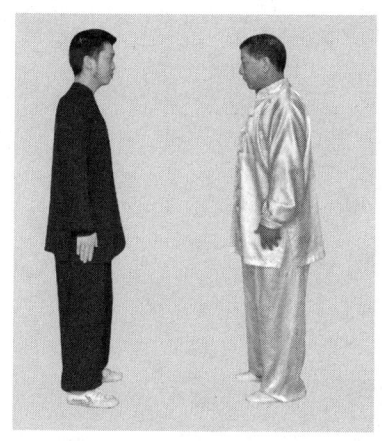

图3-601

图3-602

图 3-603

图 3-604

②双扣腕下按：甲乙双方平行步相对站立，乙上右脚，用右手向甲胸前推来，甲用双手向上握乙来手，垂肘向外旋臂、顶腕后拉，双手拇指、食指呈环状分握乙拇指和小指（图3-605），扣腕下按，将乙擒住。（图3-606）

图 3-605

图 3-606

2. 刚性练习

（1）锁拿腕技

①锁腕顶头：甲乙双方左格斗式站立，乙用右手抓甲头发（图 3-607），甲速用双手扣握其手背，向下蹲身，头向前顶，双手向外合拆锁拿乙的手腕。（图 3-608）

图 3-607

图 3-608

②折锁手腕：甲乙双方左格斗式站立，乙用右劈掌攻打甲头部，甲快速用双掌向上架托合抱乙右掌（图3-609），接着甲身体左转，双手向外合折锁拿乙手腕。（图3-610）

图3-609

图3-610

③反折锁拿：甲乙双方左格斗式站立，乙转到甲背后，突然从背后施摔技偷袭甲（图3-611），甲后撤右脚，上体蹲缩后潜身；同时，双手叼抓乙右手腕反折锁拿。（图3-612）

图3-611

图3-612

(2) 锁拿肘技

①挑别锁肘：甲乙双方左格斗式站立，乙转到甲右侧（图 3-613），突用左手抓甲右肩施打技（图 3-614），甲身体快速右转，左手按乙左手背，右手向外缠绕挑别乙左肘关节。（图 3-615）

图 3-613

图 3-614

图 3-615

②绞别锁拿：甲乙双方格斗式站立，乙突发右直拳攻击甲头部，甲快速用右手叼抓其右手腕（图 3-616），以左直拳攻甲面部，甲左手叼抓乙右手肘部，双手上下绞别锁拿乙右手肘关节。（图 3-617）

图 3-616

图 3-617

③错托锁拿：甲乙双方左格斗式站立，乙突以右手抓拉甲胸部（图 3-618），甲用左手向下扣按乙右手腕；同时，右手向上错托乙右肘关节。（图 3-619）

图 3-618

图 3-619

(3) 锁拿肩技

①扣搭锁拿：甲乙双方左格斗式站立，乙突然下潜进身抱住甲腿（图 3-620），甲突然闪身，双手由下向上锁抱别控乙肩关节，且双手扣搭回拉，使乙头颈贴甲腹部。（图 3-621）

图 3-620

图 3-621

②双下压锁拿：甲乙双方右格斗式站立，乙用左手抓甲右臂，并以右拳攻击甲（图3-622），甲左脚进步插别乙左脚内侧；同时，上体左转180°双手锁抱乙肩下压。（图3-623）

图3-622

图3-623

(4) 锁拿头颈技

①旋拧锁拿：甲乙双方左格斗式站立，乙潜身抱住甲腿（图3-624），甲双手快速抱控乙头部向外旋拧，接着用左拳狠击乙背部。（图3-625）

图 3-624

图 3-625

②右爪击锁拿：甲乙双方格斗式站立，乙双手抓拉甲肩部顶膝抢攻（图 3-626），甲用左手拍阻乙来膝，右手推爪狠击乙下颌。（图 3-627）

图 3-626

图 3-627

③顶膝锁拿：甲乙双方左格斗式站立，甲转到乙后面（图3-628），突然用双手臂搭扣锁拿乙头部（图3-629），并以左膝撞击乙后腰。（图3-630）

图 3-628

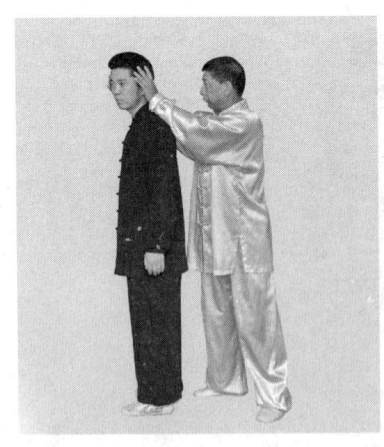

图 3-629

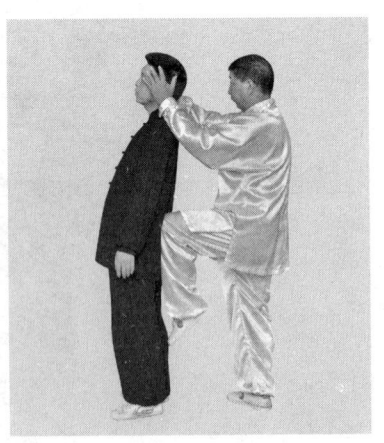

图 3-630

(5) 锁拿腰技

①甲下切锁拿：甲乙双方左格斗式站立，乙突发右直拳攻击甲胸部，甲（穿浅色服装者）快速用右手向外叼扣其右手腕（图 3-631），甲（穿深色服装者）左脚快速上步至乙右脚后方；同时，左手下切其胸肩，锁拿其腰部。（图 3-632）

图 3-631

图 3-632

②折抱锁拿：甲乙双方左格斗式站立，乙突以右蹬腿攻击甲胸部，甲顺势接住乙右腿（图3-633），随后甲左脚上步并以左直拳攻击乙面部。（图3-634）

图3-633

图3-634

③骑压锁拿：甲乙双方左格斗式站立，乙突发右直拳攻击甲面部（图 3-635），甲快速下潜抱住乙左腿将其摔倒。（图 3-636）

图 3-635

图 3-636

(6) 锁拿膝技

①潜身锁拿：甲乙双方左格斗式站立，乙突然发右直拳攻击甲头部（图3-637），甲下潜并用右手搂搬乙右支撑腿，左手前推其膝部锁制其膝关节，将其摔倒。（图3-638）

图3-637

图3-638

②十字锁拿：甲乙双方左格斗式站立，乙发左鞭腿攻击甲右侧肋部（图3-639），甲迅速以右手接抱来腿；同时，以左腿扫踢乙右支撑腿，使之跌倒在地。（图3-640）

图 3-639

图 3-640

③前顶锁拿：甲乙双方左格斗式站立，甲突发双推掌狠击乙胸部（图3-641）；同时，以左腿膝部顶击其膝关节，使其倒地。（图3-642）

图3-641

图3-642

(7) 锁拿脚技

①旋拧锁拿：甲乙双方左格斗式站立，乙以右蹬腿抢攻甲腹部（图3-643），甲双手接抱来腿，甲重心后移，双手向外旋拧乙脚，使乙跌倒在地。（图3-644）

图 3-643

图 3-644

②错击锁拿：甲乙双方左格斗式站立，乙突以右高鞭腿攻击甲头部（图3-645），甲双手错击乙右脚踝，左手下按脚背，右手上挑其脚跟，右腿狠踢乙左支撑腿腘窝处，将乙摔倒。（图3-646）

图3-645

图3-646

③错扭锁拿：甲乙双方格斗式站立，乙突以左踹腿攻击甲胸部（图3-647），甲快速移步；同时，左转身并以双手错扭其踝关节，将乙摔倒。（图3-648）

图3-647

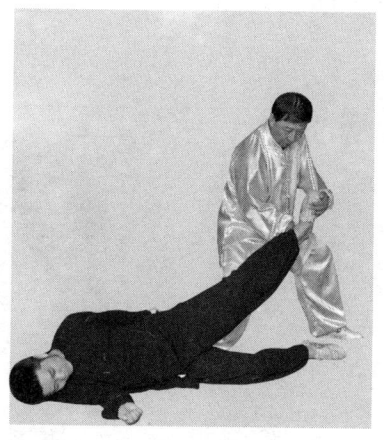

图3-648

二、刚性实战

1. 擒拿十八法（仅写出十三法）

①撞法：用全身力量，抖动右肘，撞击对方，使其丧失抵抗能力。（图3-649）

②甩法：甩拿和甩击。甩拿是对方交手时，抓住对方腕部，把握好机会，疾速向外甩（图3-650），使对方倒地或使对方手臂伤残。甩击即用闪躲回身法打击背后之敌。（图3-651）

图3-649

图3-650

图3-651

③靠打：被对方从身后拦腰抱住时，用背部、双肘或臀部猛烈靠击，以图脱身。（图 3-652）

④踢法：用脚踢对方要害处，如踢裆部等。（图 3-653）

图 3-652

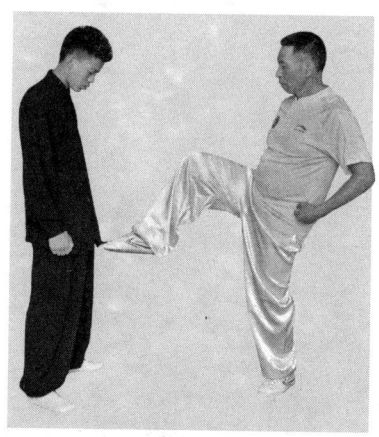

图 3-653

⑤掐法：用指掐对方要害部位，如掐喉、掐眼。（图3-654）

⑥跪法：先将腿插入对方腿后方，将对方绊倒，然后用膝关节跪压对方膝部或裆部。（图3-655）

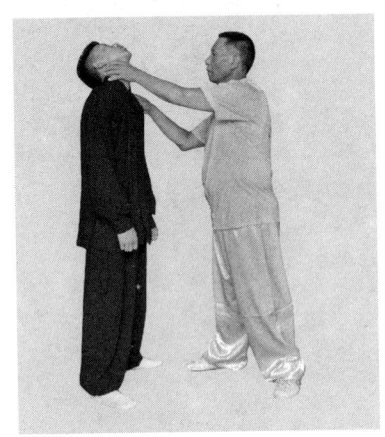

图3-654

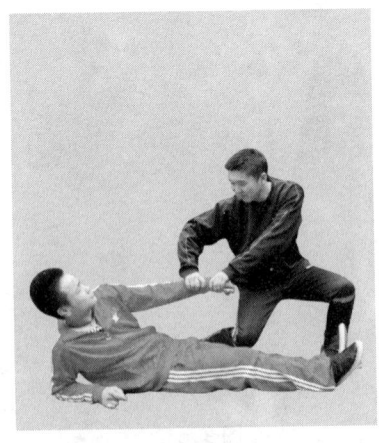

图3-655

⑦绊法：搏斗时迅速移动到对方后面，将脚插入对方裆部，右手搂抱住对方颈部，左手抓住对方左手腕，双手向后搬拉，右膝向前顶击对方。（图3-656）

⑧踩法：即用脚踩压的方法克制对方，如踩手、踩胸、踩背、踩头等。（图3-657~图3-660）

图3-656

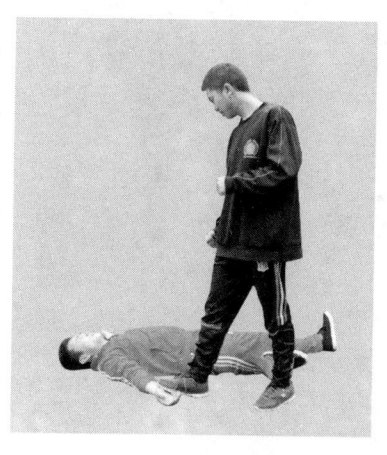

图3-657

图 3-658

图 3-659

图 3-660

⑨缠法：即绞拦法，既可穿肘扣打，也可勒颈、勒头扣按，或勒腰缠身。（图 3-661、图 3-662）

图 3-661

图 3-662

⑩拿法：主要是拿要害和关节，若对方以拳迎面打来，即拿其腕；若对方鹞子穿林，即拿其肘；若对方施飞脚撩阴，即拿其踝部。（图3-663~图3-665）。

图3-663

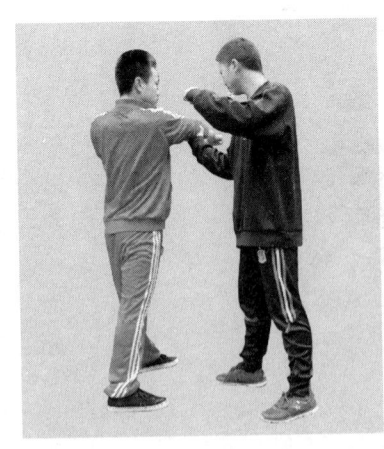

图3-664

图3-665

⑪拧法：即外撤或卸臂法。如对方攻击我胸部时，我速出双手，一手拿其肘一手拿其腕，大力向外拧，以卸对方臂膀。（图 3-666）

⑫压法：也叫盖法。多用肘、掌、前臂或躯干压盖对方，使其失去抵抗能力。（图 3-667~图 3-669）

图 3-666

图 3-667

图 3-668

图 3-669

第三章　峨眉搏击术套路与实战

⑬切法：也叫纵横劈。纵劈多用于切劈对方腕部、肘部、肩部，横劈多用于闪身反切对方腹部、颈部、外肩部等。（图3-670~图3-672）

图 3-670

图 3-671

图 3-672

2. 进身施拿六法

①错踝踢膝：甲乙双方右左格斗式站立，乙（穿黑衣者）以左高鞭腿攻击甲（穿白衣者）头部（图 3-673），甲用右拳向下截击乙左脚背，左手上挑其脚跟，错击其踝关节；同时，左腿狠踢对方右支撑腿膝内侧。（图 3-674）

图 3-673

图 3-674

②里扭错踝：甲乙双方左格斗式站立，乙突以右侧蹬腿抢攻甲胸部（图 3-675），甲身体重心后移，双手接抱来腿，随即身体左转，双手向左错扭乙左脚踝关节，使之倒跌在地。（图 3-676）

图 3-675

图 3-676

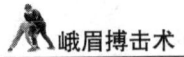

③倒身锁肘：甲乙双方左格斗式站立，乙突以右直拳攻击甲面部（图3-677），甲左前臂屈肘外挡来拳（图3-678），接着左手外翻抓拉与右手合抱乙右手臂；同时，右脚上步，身体左转，使用过背摔将乙摔倒（图3-679），甲顺势倒地，双腿横压乙上体，双手合力下压乙右手腕进行锁肘。（图3-680）

图3-677

图3-678

图 3-679

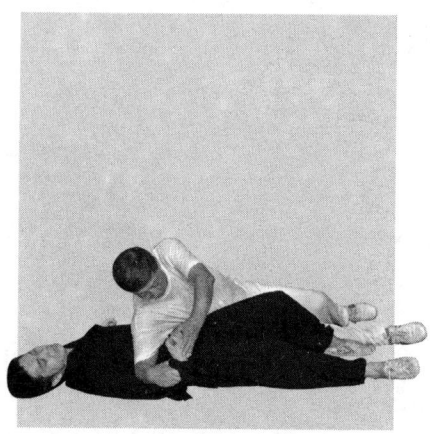

图 3-680

④抱摔锁臂：甲乙双方左格斗式站立，乙用左直拳攻击甲头部（图3-681），甲进步潜身躲过（图3-682），甲用左手抱腰，右手抱腿将乙摔倒（图3-683），甲顺势俯身压于乙身上，左手向下扣压乙右手腕，右手下穿其手臂扣锁在对方左手臂上，进行锁臂。（图3-684）

图3-681

图3-682

第三章　峨眉搏击术套路与实战

图 3-683

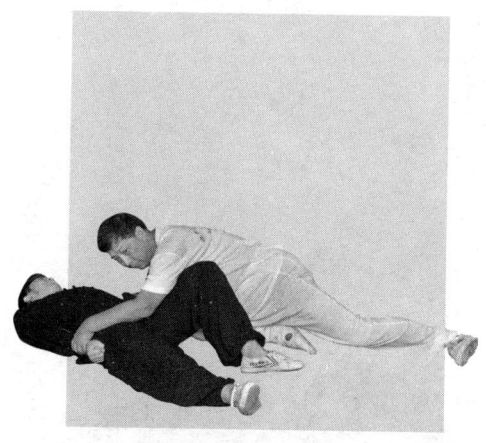

图 3-684

323

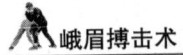

⑤盘臂锁颈：甲乙双方左格斗式站立，乙突以左直拳攻击甲头部，甲突然下潜并抱腿将乙摔倒在地（图3-685），甲顺势后倒身，用左右腿交叉回盘在乙后背上；同时，用左右手臂之合力卡锁其头部。（图3-686）

图3-685

图3-686

⑥缠臂锁喉：甲乙双方左格斗式站立，乙突以右勾拳攻击甲下颌（图3-687），甲左手向左挡抓来拳（图3-688），右手由外向内缠绕乙右肘关节后掐锁乙咽喉（图3-689）；同时，右脚向前上步将乙别摔倒地。（图3-690）

图3-687

图3-688

图 3-689

图 3-690

3. 破拿技六法

①撞裆蹬腹：甲乙双方左格斗式站立，当乙从前面将甲腰及两臂一起抱住时（图3-691），甲重心移于左腿，右腿屈膝向前上方撞击乙裆部；同时，双拳由两侧夹击乙面部（图3-692），趁乙被击后退之机，甲速用右腿蹬击乙腹部。（图3-693）

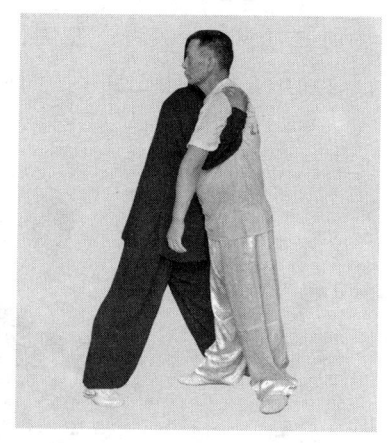

图 3-691

图 3-692

图 3-693

②击面扫头：甲乙双方左格斗式站立，乙（深色服装者）转到甲（浅色服装者）左侧，用双手抱住甲腰部，甲腰部左拧，速用左肘猛击乙面部。（图3-694）

图 3-694

③鞭拳踢裆：甲乙双方左格斗式站立，乙（着浅色服装者）用左手抓住甲（着深色服装者）右手腕部并向后扭拉（图 3-695），甲左脚上步，身体右转，以右肘攻击乙胸部。（图 3-696）

图 3-695

第三章　峨眉搏击术套路与实战

图 3-696

④撞胸踹腿：甲乙双方左格斗式站立，甲进左脚，用平勾拳击乙头部，乙向下蹲身欲用双手抱甲左腿时，甲以双肘向下攻击乙后背（图3-697），然后速用双手抓住乙两腕向上提拉；同时，以左膝向上撞击乙胸部（图3-698），随后身体右转90°，用左脚向下猛踹乙右大腿（图3-699）。当乙后仰时，甲左手抓乙右手猛然下拉，右拳变掌抓乙右腕部，左脚稍退步，用右腿猛蹬乙右膝部。（图3-700）

图 3-697

329

图 3-698

图 3-699

图 3-700

后 记

峨眉武术既重视内气的修炼又讲究形体的结合，峨眉技艺要突出在拳术中"刚与柔、快与慢、动与静、虚与实、高与低、轻与重"等矛盾的相互对立与统一，这是拳艺风格的重要标志。

"刚与柔"这对矛盾在峨眉拳技艺中尤为重要，练拳必须刚健有力，柔中寓刚，刚而不僵，柔而不软。刚指肌肉收放速度的外露，拳风的外象，具有阳刚之健美；柔指全身各主要关节活动面最大幅度地伸转或多轴运动。刚与柔的相互变化与合理的使用，是演好峨眉拳的一大劲力法则。我们从八个方面训练"柔与刚"的技法与劲道。

第一节平圆刚柔术：平圆刚柔术的柔性训练，类似太极拳的平圆推手，在传统练习右定步、活步单、双推手对练的基础上，增加了平圆绕步推手，使推手时步伐更加灵活；还增加了纬线对练推手（含赤道圆、南北回归线圈、南北极圈推手），从而训练运动员的下盘功夫，推手中沉浮的感觉更加强烈。平圆刚柔术的柔性实战，训练太极拳的掤发劲，甲方抓住机会，主动进攻，用掤发劲使乙方倒地；甲方被动防守转攻，捋后掤发或绕步掤发使乙方倒地。平圆刚柔术的刚性训练定步、活步左右直冲拳的攻与防，直拳攻击头部，防守方均以手臂格拦，再反击；定步、活步直拳攻击腹、肋，防守方均以肘拦截后再反击，这样的对练是很精妙的。平圆刚柔术的刚性实战，分主动攻击类与被动攻击类，主动攻击类，甲用直拳主动攻击，乙方拦截未果，被甲方击中头部或肋部；被动攻击类，乙方攻击甲方，甲方拦截后反击，用直拳击中乙方头或下直拳击中乙方肋部。

第二节立圆刚柔术：立圆刚柔术的柔性训练，类似太极拳的立圆推手，在传统练习的右式定步、活步立圆单、双推手对练的基础上，增加了立圆绕步推手，使推手时步伐更加灵活；还增加了立圆经线对练推手（含地球、月球经线推手，地球子午线推手），能推出大、中、小和横、竖向立圆圈，增加了推手的灵活多变性。立圆刚柔术的柔性实战，训练上冲、下按发劲和捋发劲，以上均为被动式发劲，乙方下按甲方未果，回收时，甲方顺势用上冲劲将乙发出；乙方上推甲未果，回撤时甲用下按劲乙发出；乙方推甲过猛，甲方用捋劲将乙发出。立圆刚柔术的刚性练习，类似拳击的勾拳对练，训练右左、定活步勾拳的攻与防，上勾拳攻击头颈部，对方以肘拦防，再以上勾拳反击；下勾拳击肋（或穿心），对方以肘拦截，再以下勾拳反击，这样的对练观赏性、实用性很强。立圆刚柔术的刚性实战，均练的是防守反击类，甲方防守除用手臂格拦、手肘拦截之外，还可用下潜、闪身等躲防，再用上勾拳击头或勾击耳门等反击；也可用下侧勾拳击肋、击心窝、击裆部等。

第三节折叠刚柔术：折叠刚柔术的柔性练习类似太极拳的折叠推手，在传统练习的左、右式定步、活步折叠单、双推手对练的基础上，增加了折叠绕头推手，原推手轨迹为开"8"字变成闭"8"字，使推手的观赏性、实用性更好；折叠刚柔术的柔性实战以练习挒发劲，利用对方攻击时身体不平衡，犯丢、偏、顶的毛病进行旋打。折叠刚柔术的刚性练习，类似拳击的摆拳对练，训练右左、定活步单摆拳、双摆拳的攻与防，单摆拳攻击头颈部，对方以手臂拦防，再以单摆拳反击；双摆拳攻击对方头部（或扇面掌双峰贯耳），对方以双手臂拦防，再以双摆拳反击；此外，增加闪身步、下潜步的防守后再反击。折叠刚柔术的刚性实战，有防守反击类：甲方防住乙方的攻击后，用右摆拳击乙方后脑或左摆拳击乙方面部；主动攻击类：甲方直拳、勾拳、腿法等方法攻击乙方，乙方防守中露出破绽，甲再用摆拳攻击乙头部。

第四节多变刚柔术：多变刚柔术的柔性练习类似太极拳的四正推手，含传统的定步四正推手、活步进三退三直线式推手，增加活步进三退三"之"字推手，提高了四正推手的观赏性与实战性。多变刚柔术的柔性实战，进行掤、捋、挤、按综合发劲训练，充分体现"掤捋挤按需认真，上下相随人难进"四正手的威力。多变刚柔术的刚性练习，主要进行定步、活步直拳、勾拳、摆拳的综合性训练，将这三种拳法训练得淋漓尽致，训练运动员灵活运用这三种拳的能力。多变刚柔术的刚性实战，训练伴攻后的反击，对付左冲拳的回击法，对付右冲拳的回击法。

第五节肘膝刚柔术：肘的柔性训练类似太极拳的肘推手，在传统的定步、活步单、双柔肘、四正柔肘的基础上，增加中竖轴柔肘，较全面地进行肘推手的训练。膝的柔性训练类似斗鸡对练，重点练习正顶膝、摆膝。肘的柔性实战主要训练立肘发劲、横肘发劲，实战中双方近身，拳发不出时用肘发劲。膝的柔性实战，训练正顶膝放摔，侧摆膝放摔。肘的刚性练习，训练定步、活步正顶肘、侧顶肘、抬肘、摆肘，较全面地进行刚性肘法训练。膝的刚性练习，活步顶肘对练，闪身步摆膝对练。肘的刚性实战主要训练正顶肘、摆肘、抬肘、砸肘的攻击。膝的实战主要训练顶膝、摆膝击腹、击裆、击头部等。

第六节腿法刚柔术：腿法刚柔术柔性练习为单人练习，练直线式腿法和击沙袋，如蹬腿、丁腿、弹腿、踹腿等；练曲线式腿法和击沙袋，如前后扫蹚腿、勾踢腿、里合腿、外摆腿、前后撩腿等。腿法刚柔术的刚性练习为双人对练，直线式腿法对练，如蹬腿、丁腿、弹腿、踹腿、铲腿、点腿等对练；曲线式腿法对练，如前后扫蹚腿、勾踢腿、里合腿、外摆腿、前后撩腿、旋踢腿对练等。腿法刚柔术的刚性实战，选进攻性踹腿击膝、击腹、击面；防守性踹腿的阻击、败步、闪身后踹腿反击；进攻性鞭腿的击肋、击头、击腰等；防守性鞭腿的左右闪、下潜等化掉对方攻势，用鞭腿反击；此外还介绍两种防腿反击法、三种绝杀穿心腿、三种其他腿法。

第七节摔法刚柔术：摔法刚柔术的柔性练习为抗摔与滚翻练习，如栽碑、后仰跌、倒踢扑、盘腿跌、滚翻、侧空翻、地躺等训练。摔法刚柔术的柔性实战，指近身柔性摔法，如采靠、采挒、按肩、挤胸、松右侧摔、双进手右旋、侧旋摔、双分靠、背折靠、大捋靠、梅花靠摔。摔法刚柔术的刚性练习介绍8种摔法对练，如切肩冲、插步别、抱腿绊、勾踢、挟头等摔法对练。摔法刚柔术刚性实战介绍10种一般摔法，如倒拨、拦腰斩、别脚靠、摆揽双根、双手拧腿等摔法；还介绍5种接腿摔，如接腿别、踢、涮、背、压摔。

第八节拿法刚柔术：拿法刚柔术的柔性练习，单人7种手型展示，如抓、拿、扣、卷、托、反穿、十字曲卷。拿法刚柔术的柔性实战，介绍3种双人对练，沉腕反别、顶腕后拉、双扫腕下按（柔性拿法主要是擒拿劲道）。拿法刚柔术的刚性练习，介绍3种锁拿腕技，3种锁拿肘技，2种锁拿肩技，3种锁拿头颈技，3种锁拿腰技，3种锁拿膝技，3种锁拿脚技的对练套路（刚性拿法主要是拿关节）。拿法刚柔术的刚性实战，介绍擒拿十八法（撞、甩、靠、踢、掐、跪等），进身施拿六法（错踝踩膝、里扭错踝、倒身锁肘、抱摔锁臂等），破拿六法（撞裆蹬腹、击面扫头、插目踢裆、拉臂击肋等）。

　　以上八大部分刚柔术训练，总的是训练"踢、打、摔、拿"，每一部分又有它的特色，各地的武馆、武校可进行全面的训练，也可单独进行每一部分的训练。通过这八大部分刚柔术的训练，可增强散手运动员的刚与柔的感觉，提高散手运动员的综合素质。对武术爱好者，也可选学某一部分，找柔与刚的感觉，体会"峨眉搏击术"刚与柔的乐趣。

　　本书的创作过程中得到了峨眉山市政府、峨眉武术联合总会、峨眉武术学校、成都文武学校的大力支持和帮助，在此表示真诚的感谢！

　　另外，在本书编作过程中，还得到了峨眉佛教协会孙涛、李鹃在摄像、制作方面的支持，在此表示感谢！

参 考 文 献

[1] 习云太. 中国武术史 [M]. 北京：人民体育出版社，1985，12.

[2] 郑曼清. 郑子太极拳十三篇 [M]. 台北：台湾时中拳社.

[3] 杨振铎. 中国杨氏太极拳 [M]. 西安：世界图书出版社，2000，10.

[4] 王壮弘. 上善若水 [M]. 海口：海南出版社.

[5] 邹德发. 论峨眉武术 [M]. 香港：中国和平世界出版社，1992，10.

[6] 武兵. 武术实用技法精粹 [M]. 北京：人民体育出版社，2007，10.

[7] 曾于久. 武术散打训练新论 [M]. 北京：人民体育出版社，2013，1.

[8] 李圣. 推手与擒拿教程 [M]. 北京：中国农业科技出版社，2008，8.

[9] 马学智. 散手 [M]. 北京：北京体育大学出版社，2002，4.

[10] 王方莘. 太极轻灵松空功 [M]. 北京：人民体育出版社，2011，8.

图书在版编目(CIP)数据

峨眉搏击术 / 王方莘等著. - 北京：人民体育出版社，2014
ISBN 978-7-5009-4656-4

Ⅰ.①峨… Ⅱ.①王… Ⅲ.①搏击-中国 Ⅳ.①G852.4

中国版本图书馆 CIP 数据核字（2014）第 075423 号

*

人民体育出版社出版发行
三河兴达印务有限公司印刷
新 华 书 店 经 销

*

850×1168　32开本　11.125 印张　200 千字
2014 年 11 月第 1 版　2014 年 11 月第 1 次印刷
印数：1—5,000 册

*

ISBN 978-7-5009-4656-4
定价：27.00 元

社址：北京市东城区体育馆路 8 号（天坛公园东门）
电话：67151482（发行部）　　　　邮编：100061
传真：67151483　　　　　　　　　邮购：67118491
网址：www.sportspublish.com

（购买本社图书，如遇有缺损页可与发行部联系）